错 词 清 道 夫

陈凌燕　编著

贵州出版集团
贵州人民出版社

出版说明

　　兴趣是最好的老师,知识的学习更是如此。如果学习者缺乏兴趣,阅读就将是一个枯燥无味的过程,轻松快乐的学习也就无从谈起。基于这样的事实,本着"兴趣阅读、快乐学习"的理念,我们经过深入调研,与国内的众多专家学者及一线教师全力合作,为所有希望将学习变得轻松愉快的朋友奉献上"快乐阅读"书系。

　　"快乐阅读"书系,以知识的轻松学习为核心,强调阅读的趣味性。它力求将各种枯燥无味的知识以轻松快乐的方式呈现,让读者朋友便于理解接受。它的各种努力,只有一个目标,即力图将知识学习过程轻松化、趣味化。读者朋友在阅读过程中,既能保持心情愉快,又能学有所得。在轻松愉快的氛围中学习,让知识学习成为读者朋友的兴趣,本身就是提高学习效率最有效的途径。

　　"快乐阅读"书系首批图书分为"语文知识"、"作文知识"、"数学知识"、"文学导步"、"文学欣赏"、"语言文化"、"个人修养"七大板块,各个板块之下又有细分。英语、生物、化学等相关的知识板块将会在以后陆续推出。针对不同学科知识的特点,本书系以不同的方式来达到轻松快乐的目的。要么是以故事的形式,在故事的展开之中融入相关知识;要么是理清该知识点的背景,追根溯源,让读者朋友知其然,更知其所以然,让理解更为轻松。总而言之,就是以最恰当的方式呈现相关的知识。

　　希望这套"快乐阅读"书系能陪伴每一位读者朋友度过美好的阅读时光。

编　者
2014 年 5 月

目　录

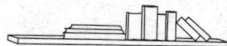

错词清道夫

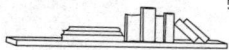

第二章 易错用成语辨析

一 望文生义类

错词清道夫

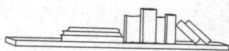

三　混淆范围对象类

错词清道夫

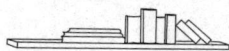

开场白

　　词语是构成语言的基础,就犹如树木的根茎、房屋的基石,有了根茎,树木才能维持持久生命力,有了基石,房屋才能坚不可摧。同样,语言中有了词语,语言才能变得鲜活、生动,表达才能更加自然、简约,但词语必须用得正确到位,才能让它绽放最绚烂的光芒,才能让语言变得有效、有用。如果你把"万人空巷"看成是形容巷子里空无一人,把毫无美感可言的流水账作文形容成是"文不加点",那么你就真的是贻笑大方了。

　　《错词清道夫》一书作为"快乐阅读书系"之一,最大的特点就在于它语言风格的风趣幽默,例句分析也尽可能贴近现如今大家感兴趣的生活话题。在词语意义的解读上,不再追求一味地把干巴巴的定义直接呈现在读者眼前,而是通过对字形的分析,生动形象地层层递进,把词语的解释和字形的发展结合起来。在成语部分,套用现代的语言来解读古代的成语故事,可谓短小精悍、形象生动,使读者在阅读中,记忆更加深刻。在例句的选取上,也是尽量选取一些时下热门的话题和人物,增加读者阅读的趣味性,使读者,特别是中小学生能够更准确地理解词语的正确用法。本书还在一些词语旁配以相关图片进行说明,图片的生动性、趣味性,在吸引大家眼球的同时,还能帮助大家更好地理解词语的意义,图文并茂的形式,也能加深读者对该词语的印象。

　　"在快乐的氛围中阅读,在阅读中获得快乐",这是此书的创作宗旨。希望这本十万字的图书不再让你一脸囧态、苦不堪言,而是能在学习知识的过程中,带给你欢笑和乐趣。

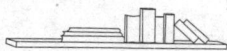

　　本书还有一些不尽完美的地方,还请各位读者批评指正。如若各位有好的建议和意见,对词语的用法、解释存在疑问,欢迎大家与我探讨。

第一章

易混淆词语辨析

A

ài hào　shì hào
爱好、嗜好（要"爱好"不要"嗜好"）

易错指数 ★★★☆☆

👎他平时没什么别的嗜好，就嗜好舞文弄墨。

　　"爱"表示喜爱、喜欢。"爱好"表示对某事物具有浓厚兴趣，喜爱。这个所谓的"某事物"是人民大众普遍接受的，并且积极向上的东西。

　　"嗜好"也是一种爱好，但是通常指的是不良爱好，或者不能登大雅之堂的爱好。"嗜好"只能作名词，不能当作动词用，"爱好"可以当动词用，也可以作名词。上例中，第一个"嗜好"用法得当，第二个"嗜好"应该改为"爱好"。首先，"嗜好"不能作动词用；其次，吟诗作画也是积极向上的健康的，人民大众普遍接受的，使人身心愉悦并陶冶情操的爱好。

👍他从小就爱好音乐，梦想能考上中央音乐学院。
👍他注重养生，没有抽烟、酗酒、赌博等不良嗜好。

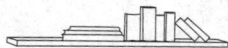

ài hù　 ài dài
爱护、爱戴(切勿爱戴你的邻桌同学)

易错指数 ★★☆☆☆

☞在欧洲杯上,巴洛特利虽代表意大利队淘汰了英格兰队,但仍受曼城球迷爱护。

"爱护"表示因为对方比自己弱小而产生的怜爱之情和保护对方的行为。对象一般是比自己弱小的人或可以被人支配的公共设施、花草树木以及抽象的荣誉等,范围较广。

"爱戴"表示敬爱并且拥护,仅对较自己年长的人或者领袖而言。上例中,"巴神"作为足坛新秀,拥有黑人血统、体格健壮、身材魁梧,球迷同志们想要保护他就有点多此一举了。这里要表达的是即使在欧洲杯上他代表意大利队淘汰了英格兰队,也不碍英格兰球迷对他的拥护和支持,球迷对球星的拥护和支持应该用"爱戴"。

👍作为家里最大的孩子,他十分爱护弟弟妹妹。

👍大家一定要爱护集体荣誉。

👍请大家爱护小动物。

👍中国人民对人民领袖怀有深深的爱戴之情。

àn dàn　 àn dàn
暗淡、黯淡("黯淡"比"暗淡"更有人情味)

易错指数 ★★★★☆

☞房间里那束暗淡的灯光仿佛要随着这黑夜进入梦乡。

☞看着这可怜的分数,小胖的脸色突然暗淡下来。

"暗"左边是"日",本义表示日无光,即太阳没有光芒,白天变得阴沉没有光亮。"暗淡"即形容因为光线不足而变得昏暗,引申指色彩无光亮,前途无光明。

"黯"左边是"黑",本义表示深黑,不仅是没有光亮,而且还很黑。

"黯"和"然"放在一起,"黯然"表示人内心伤心失落的样子,看来"黯"总是和人分不开的。"黯淡"有脸色阴沉、忧郁伤感的意思,如"脸色黯淡",说明"黯"比"暗"更有人情味。上例中,我们可以说"暗淡的灯光",但是"灯光仿佛进入梦乡"运用了拟人的修辞手法,这时用"黯淡"一词来修饰灯光更为恰当。

👍她衣柜里的衣服都是驼色、浅棕色、灰白色这样的暗淡色系。

👍从凤姐雷人的表演和不修边幅的装扮可以料想她在娱乐圈的前途一片暗淡。

👍她自从离婚以后,脸上总是黯淡无光。

B

bǎn miàn　bǎn miàn
板　面、版　面("版面"、"板面"软硬有别)

(易错指数) ★ ★ ☆ ☆ ☆

👎每个艺人都明白,凡是涉及恋情的事,总会换来媒体大板面的报道。

👎读者往往会被时尚美观的板面设计所吸引。

　　"板"左边是"木"旁,说明与木有关,本义是指片状的木头。而后,"板面"除了指片状的木头外,也表示片状的较硬的物体的表面。如"玻璃板面光滑"、"木质板面粗糙"。

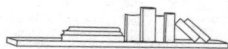

"版面"指书报杂志每一页的整页或者书报杂志的每一面上文字图画的编排形式,对象一般是纸质的供人阅览的书报杂志。上两例中,前一例指报纸杂志的娱乐版面,后一例指文字图画的编排形式,都应该改为"版面"。

👍欧洲杯期间,足球明星如何博版面?

👍最近刚交付的新房子板面斜角出现裂缝现象。

bāo hán   bāo hán
包含、包涵(包含≠包涵)

易错指数 ★★★★☆

👎这一系列的少儿读物包涵了很多丰富内容。

👎这本书中包涵了一本物理公式小册子和三套中考真题。

"含"由"口"和"今"组成,我们可以理解为是嘴巴里含着东西,东西包在嘴里。"包含"即里面含有,后面一般跟含有的内容。

"包涵"指对别人说的客套话,请人原谅。上两例中,都应改用"包含"。

👍游戏开发商正在解析游戏设计文件中应该包含的基本内容。

👍苹果 iphone4s 包含了播客应用程序。

👍我唱得不好听,请各位多包涵。

bào fā   bào fā
爆发、暴发("暴发"、"爆发"你有木有混用?)

易错指数 ★★★★★

👎这名运动员很有暴发力。

👎会点菜的人点了鲍鱼就不会再点其他高蛋白食品,而是搭配素菜,不像爆发户,鲍鱼、燕窝、鱼翅乱点一通。

上例中，"爆发户"一词，在人们眼中是一个贬义词，指突然发财，变成了百万富翁。但是发财与爆发有什么关系呢？"爆"是"火"旁，指一切跟火结缘的东西，我们常会说感情擦出了火花，所以就有"感情爆发"；革命、运动，除了流血流汗，也会枪杆子上出火花，所以我们会说"爆发学生运动"、"爆发农民起义"，乃至"爆发战争"、"爆发危机"；运动员有爆发力，因为他内心有火一样的激情，像火一样无法阻挡的势头。火山、火药都与"火"有关，也要用"爆发"。

"疾病、山洪、海啸、泥石流、钱财"，这些都没有火的参与，自然也就与火无关，用"暴发"。上例中，摇身一变成了大富翁，该用"暴发户"；形容运动员能量无穷，力量巨大，像火一样熊熊燃烧，该用"爆发力"。

👍1927 年 8 月 1 日，南昌起义的爆发打响了武装反抗国民党反动派的第一枪。

👍2010 年冰岛艾雅法拉火山爆发造成欧洲航空瘫痪长达数周时间。

👍突然暴发的山洪淹没了整个村庄。

👍娱乐圈中某些人暴发户形象十足。

běn yì　běn yì
本意、本义（"本义"、"本意"有差别）

（易错指数）★★★★★

👎学者指出："睡觉"的本意指睡醒了。

👎王志飞苦笑着回应炒作说："我的本义是想制止八卦。"

　"本义"指的是词语最初的本来意思，不包括引申的意思。

　"本意"指人们最初想要表达的意思或意图。上例中，"我的本义"就是"我"这个汉字的本来意义，"我"表示第一人称代词，自己。这里应该改为"我的本意"，即我原本的意图。上例中，"睡觉"本来的意思是指睡醒了，现在人们却用以表示进入睡眠状态，如"准备睡觉"、"正在睡觉"，句中应该用"本义"。

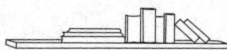

👍"城"的本义指"城墙",而后人们用它表示"城市"。

👍他的本意是好的,但说话方式欠妥,请你大人不计小人过,多包涵。

bì xū　bì xū
必须、必需("必须"非"必需")

易错指数 ★★☆☆☆

👎食盐是生活必须品。

　　"必须"表示从事理上或者情理上说是非这样不可,一定要。至于一定要的是什么,是一定要有,还是一定要走,抑或是一定要鼓掌,那都是由"必须"后面跟的动词说了算。如"小孩必须喝牛奶","你必须穿戴整齐","必须做完作业才能睡觉"。

　　"必需"表示必定需要,一定要有的,不可缺少的。上例中,"食盐"是生活中一定要有的,不可缺少的物品,应改为"必需"。

👍小孩子必须按时睡觉才能长得高。

👍功夫演员甄子丹要求在拍摄功夫片时必须真刀真枪地打。

👍孩子长高必需五种营养。

👍经历风雨挫折,这是人成长所必需的。

biān jiāng　biān jìng
边疆、边境("边疆"、"边境"大不同)

易错指数 ★★★★☆

👎小胖雄心勃勃地说将来要去西藏支援边境建设。

👎西藏、新疆是中国的边境地区,经济比较落后。

　　"疆"表示疆土、疆域,是一片范围较广的区域,"边疆"即靠近国界线的领土。上例中,西藏、新疆是我国陆地面积非常大的自治区,不能用边境,应该用"边疆"。

"境"的范围要小得多,是疆域中靠近界线的一片较小区域。"边境"即紧靠边界线的小块地方。西藏的错那地区紧邻不丹,才能用"边境"。"边界线"可以是国界线、省界线,甚至是县与县之间的界线。如:丹东港、喀什就是紧挨国界线的边境城市。凤凰古镇是连接贵州和湖南的边境小城,著名作家沈从文的《边城》就得于此义。

👍新疆、西藏是我国的边疆省区。

👍喜马拉雅山脉恰好位于中国和尼泊尔两国边境上。

👍丹东市位于中朝边境的中国境内。

biān zuǎn　biān zhuàn
编 纂 、编 撰(你能"编撰"还是能"编纂"呢?)

（易错指数）★★★★★

👎他平时的工作就是负责编纂杂志末页的轻松幽默小笑话。

　　"编纂"偏重于对现成的资料文字进行编排整理,一般通常指编写较为大型的、复杂的、科普性的著作。编写工作非一人能独立完成,往往需要一个团队一起工作。

　　"编撰"偏重于编者自己要参与创作,自己要写作,通常指一般的编写、撰写。上例中,编写小笑话,博读者一笑,虽需要一点水平和技术,但是这和编纂《科学百科全书》相比,就是小巫见大巫了,"编纂"在此未免大材小用了,改用"编撰"更合适。

👍历时近六年,第六版《现代汉语词典》终于编纂完成。

👍《云南大百科全书》编纂工作责任书旨在增强各牵头责任单位和全体编纂人员的责任感和紧迫感,分解工作任务,加快推进全书编纂出版工作。

👍最近我在忙着编撰一本青春校园小说。

错词清道夫

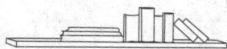

bián míng　　bián míng
辩　明　、辨　明（用嘴"辩明"，用心"辨明"）

（易错指数）★★★★★

👎名人微博骂战引人反思，是辩明是非还是破坏秩序？

👎敬请各位顾客辩明产品真伪，以防假冒。

　　两个词长得很像，具有迷惑性，今天我们就来揭开它们的神秘面纱，看清它们的真面目。"辩"中间是"言"字，肯定和语言、言论有关系，"辩明"即通过言语来辩论清楚，使人明了。如"话不讲不明，理不辩不明"。

　　"辨"中间恰似一个"刂"，我们暂且把这个字和这个偏旁联系起来看，说明这个字和人的内心、大脑有关系，"辨明"即通过人的大脑、意识判别清楚不同事物的特点。上例中，光靠嘴皮子功夫是不能判别是非、真伪的，必须通过大脑思考，才能在思想意识上形成正确认识，应该改为"辨明是非"、"辨明真伪"。

👍公共话题从不忌讳争吵，真理总是越辩越明，关键在于辩明之后，双方要达成共识、推动解决。

👍专家提醒，凉茶性偏寒，大众在喝凉茶祛火前先要辨明自己的体质。

👍日本地震海啸一周年过去了，478具遇难者遗体仍未能辨明身份。

bìng lì　　bìng lì
病　例　、病　历（"病历"上记载了罕见"病例"）

（易错指数）★★★☆☆

👎上月本市有一例狂犬病死亡病历。

　　"例"就是例子，"病例"即某种疾病的实际例子。某人患过某种疾病，就是这种疾病的其中一例病例。

　　"病历"指医务人员对入院病人每日按时填写的关于其病情、诊断和处理方法的纸质或电子档案记录。"病历"常说"一本病历"或"一份病历"，而不能说"一例病历"。上例中，应该用"病例"。

👍宁波检验检疫部门查出浙江首例基孔肯雅热病病例。

👍市民开啤酒瓶时被炸伤眼睛,当时就医的两份病历记录成铁证。

bō nòng　bō nòng
拨弄、播弄("拨弄"的范围比"播弄"大)

易错指数 ★★★★☆

👎正当男童用手播弄父亲的摩托车后轮时,父亲突然开动车子,转动的车轮瞬间绞断男童三根手指。

"拨弄"有用手脚或棍棒等来回拨动、倒腾具体的物体的具体动作义,也有表示摆布、挑拨的抽象义。

"播弄"在表示摆布或挑拨等抽象义时,与"拨弄"是同一个意思,二者可以互换。仅表示用手脚或棍棒等来回拨动具体实物时,只能用"拨弄";表示"摆布"、"挑拨"等抽象义时,"拨弄"、"播弄"可以互用。如:拨弄(播弄)是非、人不再受命运拨弄(播弄)。上例中,男童用手拨动车轮,车轮是具体实物,应该用"拨弄"。

👍小胖喜欢弹吉他,没事总爱拨弄拨弄琴弦。

👍你不要播弄(拨弄)是非,挑拨我和小白之间的良好关系。

bù fáng　bù fáng
不妨、不防("不妨"和"不防"有区别)

易错指数 ★★★☆☆

👉暑期孩子下河游泳,家长不防多一份谨慎。

👉一则广告语:诺基亚经典触控智能手机原价5800,现价1099,各位顾客看中了不防早点出手购买。

"妨"表示"妨碍"。"不妨"表示可以这么做,没有什么妨碍。上两例中,应该把"不防"改为"不妨",作为父母,对孩子多一份谨慎小心没什么不好,也不碍什么事,既然如此,那就请家长不妨多份谨慎;手机物

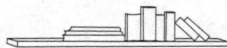

美价廉,没什么妨碍,可以低价购买,还有什么顾虑呢? 趁此机会低价购买手机吧。

"防"即防备。"不防"即猝不及防,指事情突然发生,来不及防备。

👍长时间待在空调房里,不妨备件薄外套,预防感冒。

👍感觉气虚不妨多吃豆腐、马铃薯。

👍手机实名制防君子不防小人。

bù hé bù hé
不和、不合("不合"、"不和"你用对了吗?)

易错指数 ★★★★☆

👎这双高跟鞋虽漂亮,却不和脚。

"不和"表示人际关系相处得不和睦,不和谐。

"不合"表示凑合不到一块儿,两者在观点、意见、看法、脾气、情感上有分歧,不一致,从而导致两者合不来,凑合不到一起。此外,"不合"还可表示规格、尺寸不符合。上例中,显然不可能是鞋子和脚不和睦,而是说鞋子不符合脚的尺寸,应改为"不合"。

👍谁都知道他俩关系不和。

👍他最擅长挑拨离间,搞得人家闺蜜不和。

👍80后的夫妻常因意见不合而大吵大闹,谁也不肯为对方妥协。

👍你出示的手续不合规定,我们不能给你办理此项业务。

bù lì bù lì
不利、不力(宣传"不力"会对影片上映带来"不利"影响)

易错指数 ★★★☆☆

👎上课时间学生逃课上网,重要原因是由于学校管理不利。

"不利"形容没有好处,不顺利。

"不力"即没有力气,没有力气即差劲,因此,"不力"形容办事不尽力、不得力,做事不能干。用一个新词来说,就是"不给力"。上例中,应该是学校管理制度不得力,管理部门不能干,造成管理不给力,应改为"不力"。

👍过于肥胖不利于身体健康。

👍恶劣天气给科考试验带来了不利影响。

👍NBA 球场上,洛杉矶湖人队输给了马刺队,部分原因是由于湖人队球员防守不力。

👍东莞大岭山森林公园违建别墅,林业局称是监管不力造成的。

bù xiáng   bù xiáng
不 详 、不 祥("不详"切勿说成"不祥")

(易错指数)★★☆☆☆

👎我有一种不详的预感,这次考试我又将是倒数第一。

👎搜狐新闻网报道:巴基斯坦一栋三层建筑坍塌,十余人被埋,伤亡不祥。

"不详"指不详细、不清楚,也表示不细说。上例中,"十余人被埋,伤亡不祥",应该是"不详",即不清楚被埋人员是死是活。虽然伤亡是比较不吉利,但是这里想表达的意思是对伤亡的人数和情况不清楚。

"不祥"指不吉利。上例中,预感到考试会是倒数第一,已经对考试的排名情况预感得非常详细了,但这种倒数第一的精确预感毕竟不是什么好事,应改为"不祥"。

👍黑龙江大兴安岭地区一火车脱轨,目前伤亡不详。

👍由于信上的地址不详,邮局只好把信件退回去。

👍肯尼迪生前机密录音曝光,在遇害前自己已有不祥预感。

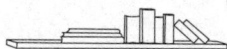

C

cái duó   cái duó
裁夺、裁度（"裁夺"是决定，"裁度"是推断）

易错指数 ★★★★★

👎由法院依据案情事实进行裁度。

👎这位负责人说，让学校自行裁度是否停止户外活动。

　　"裁夺"考虑后做出决定。

　　"裁度"与"裁夺"同音，表示猜测、推断，即根据已经知道的一些情况来对不知道的事情下结论。以上两例，都应该改为"裁夺"，句意应该是法院依照案情做出公正的处决；学校自行决定是否停止户外活动。

👍此事如何处置，恳请领导裁夺。

👍这件事情非同小可，还要大家一起来裁夺。

👍这名记者的报道大多没有真凭实据，往往是在道听途说中裁度事件发展结果。

chá fǎng   chá fǎng
查访、察访（"查访"和"察访"不可混为一谈）

易错指数 ★★★★★

👎自治区绩效考评工作组抵达我市，就绩效考评工作进行年中查访核验。

　　"查访"特指警察或是侦探对于相关案情进行调查打听。

　　"察"表示观察、仔细看。"察访"是通过仔细观察和实地访问进行分析，针对的是上级对下级，内容一般是民情或政情。上例中，上级主管部门就具体工作的实施对下级部门实地走访察看，应该把"查访"改为

"察访"。

👍公安机关针对案情的特殊性，在全市范围内进行地毯式的查访工作。

👍教育部门领导小组将来我校进行实地察访。

👍中央检查团将察访郑州经适房工地建设。

chá kàn　chá kàn
查看、察看("看"的方式各不同)

(易错指数) ★★★★★

👎遇到疑惑不解的问题要及时察看书本搞清问题。

　　"查"强调检查、调查。"查看"即检查、调查。一般是指出了问题，或者有可能出现问题，才会进行查看，因此"查看"是有目的性的，所涉及的对象多是可能存在问题的东西。如查看账目、查看房间等等。

　　"察看"是为了了解情况而仔细观察，不带目的性，仅仅只是为了了解一般情况。如察看风向，察看动静。

👍警方正在房间里查看，希望找到一丝对案情有帮助的证据。

👍出远门旅行最好察看一下当地近期天气变化情况。

cháng nián　cháng nián
常年、长年(留守儿童"长年"累月思念着"常年"在外的父母)

(易错指数) ★★★★★

👎父母不愿随我来城市，他们常年累月生活在农村，已经习惯了。

👎这名女演员长年参加国际各大时装周，不遗余力地宣传自己。

　　"常年"强调一年中经常性做某事或处于某种状态，并非是一年到头连续不断。另外也可以表示平常的年份。千万要注意，"常年在外"不能写成"长年在外"。例句中，"女演员"只是经常去国外参加大大小

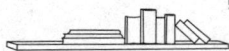

小的时装周,但是完了以后,别人还是得要回国的呀,并非是整年都待在国外,应把"长年"改为"常年"。

"长年"则表示一年到头、整年,强调不间断地干某事或处于某种状态。"长年"一般和"累月"组成一个四字词组使用。例句中,应把"常年累月"改为"长年累月"。

👍成龙常年在世界各地拍戏演出,很少顾及家庭。

👍2012 年高考各科试题较常年偏难。

👍张曼玉息影以后,长年定居法国。

cháng zhù   cháng zhù
常 驻、常 住(你是"驻"呢,还是"住"呢?)

易错指数 ★★☆☆☆

👎联合国各成员国都设有常住联合国代表。

"常驻"特指常年住在执行工作任务的地方,或工作单位常年设在某地,也可表示经常性的停留。

"常住"表示经常居住在某一个地方。上例中,"常住联合国代表",难道是这些人都住在联合国总部里面? 也够扯淡的。代表不是居住在纽约联合国总部,而是代表自己的国家在联合国执行工作职务。

👍中国三沙市建立以后,部队就会常驻南沙群岛。

👍每个女性都渴望青春常驻。

👍贵州省常住人口有 3000 多万。

👍二人婚后常住北京。

chén mò   chén mò
沉 没、沉 默(看着大船"沉没",人们在惊恐中也"沉默"了)

易错指数 ★★☆☆☆

👎他沉没了一分钟后开始滔滔不绝地表明自己的观点。

"沉没"即没入水中。

"沉默"表示不爱说笑或者是直接不说笑。爱摆酷的哥们儿,沉默就是最好的选择。上例中,他要是沉没了一分钟,那就不是滔滔不绝地讲话,也许就一命呜呼了,好点那也是气喘吁吁,哪儿还来的滔滔不绝呢? 所以应该把"沉没"改为"沉默",即表示他没有说话。

👍泰坦尼克号沉没在浩瀚的大西洋里。

👍他在犯下滔天罪行之前,一直是一个沉默寡言的人。

👍不在沉默中爆发,就在沉默中灭亡。C罗选择了前者,在与荷兰队的比赛中,独进两球。

chí huǎn   chí huǎn
弛 缓 、迟 缓("弛缓"和"迟缓"差别大)

(易错指数)★★☆☆☆

👎职场心理疲劳主要表现为厌倦工作、处理公务时心情烦躁、注意力涣散、反应弛缓。

"弛"左边是一个"弓"字,说明跟弓箭有关,本义表示放松弓弦。"弛缓"指紧张的局势、紧张的气氛、紧张的心情变得松弛和缓。

"迟缓"表示不迅速、(动作)缓慢。上例中,由于心理压力大,头脑、动作反应变得缓慢,应该用"迟缓"。

👍中东局势最近有所弛缓。

👍他的一个笑话让现场气氛变得弛缓。

错词清道夫

👍贫困地区儿童近一成生长发育迟缓。

chǒng ài　nì ài
宠 爱、溺爱（过分"宠爱"变"溺爱"）

易错指数 ★★★☆☆

👎四岁的小孩患忧郁症，都是父母宠爱的结果。

　　"宠爱"表示长辈对晚辈、年长者对年幼者、上对下的喜爱。

　　"溺爱"表示过分宠爱，含贬义。爱超过了一定限度，没有约束，正所谓"物极必反"，爱过了头便是在害对方，让被爱的人最终在爱的海洋中，慢慢沉入水底，溺水而亡。因此，请不要让你的爱像洪水一样泛滥。上例中，儿童正值天真无邪的童年阶段，但却患上忧郁症，这与父母的过度宠爱有关，这里应该用含有贬义色彩的"溺爱"或"过度宠爱"。

👍今年夏天，印花裤在时尚圈备受宠爱。

👍贝克汉姆夫妇携四子女现身机场，刚出生的小女儿最获老爸宠爱。

👍她是一个比较溺爱孩子的家长，对于孩子提出的各种要求，她一般都不会拒绝。

👍母亲对儿子的长期溺爱，导致这种平等的母子关系日渐演绎成了不正常的主仆关系。

chǔ zhì　chǔ zhì
处治、处置（"处置"适用范围比"处治"大）

易错指数 ★★★★★

👎公安机关成功处治了一起持刀抢劫案。

　　"治"即治理、整治。"处治"偏重于表示惩治、处分，即对犯罪或犯错误的人按情节轻重做出处罚决定。

　　"置"的本义即赦罪、释放，把犯人特赦了，放置在监狱外面。"处置"偏重于表示发落。另外可表示安排、解决。上例中，警方成功解决了持刀抢劫案件,应该用"处置"。

👍六名犯罪分子将受到法律的严肃处治。

👍这个事件在机组人员和乘客的共同努力下得以成功处置。

淳 厚、醇 厚("淳厚"的民风酿造了"醇厚"的美酒)

chún hòu　chún hòu

易错指数 ★★★★★

👎兰州拉面的汤比较清亮,喝上一口,肉香淳厚、咸淡适口。

👎茅台酒之所以是我们中国的国酒,就在于其酒香淳厚。

"酉"像酒坛形

"淳"本义是形容水清澈,引申指人的品质敦厚、质朴、朴实。"淳厚"即淳朴,即诚实朴素。

"醇"的左边是"酉","酉"的本义即酒,由"酉"组成的字多与酒或因发酵而制成的食物有关。"醇"本义即不掺水的酒,表示酒味浓厚。"醇厚"特指酒的品质上乘,也指食物的气味、滋味等纯正浓厚。上例中"香味"、"肉香"都是食物的一种气味,形容吃到嘴里的口感滋味纯正浓厚,应该用"醇厚"而非"淳厚"。人们往往认为酒是液体,所以用含"氵"的"淳厚",其实不然,只有"醇厚"才是酒的专用词。

👍游客们陶醉在这古寨的淳厚民风之中,细细品味着别样风情。

👍优质普洱茶醇厚回甘。

纯 美、淳 美、醇 美(美中各不同)

chún měi　chún měi　chún měi

易错指数 ★★★★★

👎电影《山楂树》中的女主角静秋长相醇美。

　　"纯"即纯洁,"纯美"偏向于纯洁美好,没有杂质。上例中,静秋的长相是"纯美",而不是"醇美",要是静秋的形象醇美,那可变成重口味了。当年张艺谋于千万人之中看重的就是女演员周冬雨,纯美的"小清新"气质。

　　"淳"即朴实无华,"淳美"偏向于民风民俗质朴。

　　"醇"即不掺水的酒,"醇美"偏向于酒类或食物味道纯正甜美。

👍爆红于网络的奶茶妹妹长相纯美。

👍陶渊明笔下的桃花源是民风淳美、人人向往的世外桃源。

👍意大利美食被评选为世界上最美味的食物,因为每一位厨师都十分注重食物口感的醇美。

cuàn gǎi　　cuàn gǎi

窜改、篡改("篡改"比"窜改"更严重)

018

易错指数 ★★★★★

👎河北患者看病将使用"电子病历",以防院方篡改伪造病历。

👎小胖考试不及格,为避免回家遭到父母的训斥,他私自篡改了分数。

"窜"的古字

　　"窜"的本义即老鼠在洞穴之中上蹿下跳,引申为逃窜、隐匿,而后又引申为"删改",因此"窜"本来就有删改的意思。"窜改"仅限于改动(成语、文件、古书等),单指对具体的书面材料中字句文字的改动。

　　"篡"的本义是逆而夺取,即非法夺取。如篡取王位、谋权篡位、篡臣贼子等等,都有非法夺取的意思。"篡改"即用作伪的手段改动或曲解(经典、理论、政策、历史、事实等),多侧重于对抽象的理论、政策、历史、事实等进行篡改,使用范围较大。上两例中,都是强调对书面文字的改动,应该用"窜改"。

👍办法十六条规定,在广告中不得使用经窜改后的成语的谐音字。

👍在其留下的一封亲笔信的信封上发现了被窜改的痕迹。

👍这项政策要原原本本贯彻,不得随意篡改。

👍部分日本右翼分子篡改历史真相的行为遭到了爱好和平人士的强烈反对。

D

dà yì　dà yì
大意、大义("段落大意"和"深明大义"各不同)

易错指数 ★★★☆☆

👎英语文章的段落大义一般在段落首句。

"大意"是指段落大意,即文章中每个自然段所表达的大概意思。也表示粗心、疏忽,如粗心大意、疏忽大意等。

"大义"表示大道理。上例中,和段落有联系的,只能是大意。如若是段落的大道理就不恰当了。

👍宝宝粗心大意,多是父母教育不当。

👍认真阅读全文并概括文章段落大意。

👍最美司机吴斌危急关头牺牲自己拯救乘客,彰显大善大义。

dà gài　dà zhì　dà dǐ　dà yuē
大概、大致、大抵、大约("大概"用法最广泛)

易错指数 ★★★★★

👎从他的口型和行为动作,警方已经知道了大致。

"大概"作副词,表示有很大的可能性;作形容词,表示大体上,基本上;还可以作名词,表示大体内容,基本情况。

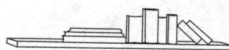

"大致"只能作副词或者形容词,表示大体上,基本上。

"大抵"只能作副词,表示大概。

"大约"只能作副词,强调对数字的估计。

上例中,应该改用"大概",表示大体内容,基本情况,只有"大概"可作名词,没有"知道了大致"的说法,只能是"大致知道了"或"知道了大致的情况"。

👍这只是一个大概,具体怎么操作,还要经过反复讨论后决定。

👍暑期作业大致要等到开学前两天才能完成。

👍世间的事大抵如此。

👍他看上去大约只有30岁。

diào yàn　āi dào　píng diào
吊唁、哀悼、凭吊(细微差别不放过)

(易错指数)★★★★★

👎著名表演艺术家张瑞芳的遗体告别仪式今日举行,众多艺术家到场凭吊。

👎24岁淘宝女店主因过度劳累死亡,上万网友在微博留言吊唁。

"吊唁"指为死去的人举行仪式以示追念并慰问死者家属,通常是指人们亲自前往死者灵堂所在地点追念死者并慰问家属。

"哀悼"表示悲痛地怀念(死者)。人们不一定要前往现场,也可以只在内心表达其悲痛的心情。上例中,网友在微博上表示哀思,并非前往其告别仪式举办地,应改为"在微博留言表哀悼"。

"凭吊"表示对着历史遗迹或坟墓等怀念古人或旧事,通常是指人们对历史文化遗迹及英雄烈士等表达怀念及追思。所谓"古人旧事"指在时间上和当下相距遥远的人和事物。上例中,张瑞芳作为人民艺术家,于2012年7月在北京逝世。她不是英雄烈士,也不是古人旧事,不能用"凭吊"。众多艺术家来到其告别仪式现场,应该用"吊唁"。

👍石阡县上千名干部群众自发前来参加追悼会,吊唁勇救落水同伴而献身的 13 岁英雄少年。

👍一名艺人因肺炎去世,很多同行在微博表示哀悼。

👍学生们在"万人坑"遗址凭吊被日寇残害致死的大同矿工。

dòu zhì　　dòu zhì
斗志、斗智(我们要有坚定的斗志和敌人斗智斗勇)

(易错指数) ★ ★ ★ ☆ ☆

👎太多的游戏以古代"三国"故事为蓝本,在游戏中玩家也能斗志斗勇。

　　"斗志"表示战斗的意志。

　　"斗智"表示在斗争、比赛中比拼智慧的高低。上例中,游戏玩家当然要比拼高下啦,比拼装备、比拼分数,其实就是在比拼玩家的智慧。

👍NBA 雷霆队想要挑战数据,创造历史,绝对不能丧失斗志。

👍欧洲杯不仅是足球巨星驰骋的乐土,更是名帅斗智斗法的战场。

dù guò　　dù guò
度过、渡过(在家里"度过"了一下午)

(易错指数) ★ ★ ★ ★ ★

👎2002 年春节联欢晚会上,小品《连队里过大年》中出现了"渡过春节"四个字。

👎政府正积极帮助中小企业度过经济危机。

　　"度过"表示由这个时间点到那个时间点,强调时间上的过去,如欢度春节、虚度光阴、安度晚年。

　　"渡过"表示由河的此岸到彼岸去,由这一端到达那一端,可表示从水中穿过。另外,经历重大灾难或困难,也要用"渡过"。上例中,连队里的官兵欢欢喜喜地度过春节,春节通常指从年三十到来年的正月十五

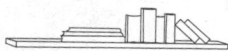

这大半个月的时间,应该用"度过";"经济危机"对于一个企业来说已经算得上是一场不小的灾难了,很多企业都会因为一场经济危机而关门倒闭,所以这样的困难时期当用"渡过"。

👍中国航天员首次在太空度过中华民族传统佳节——端午节。

👍陈强的晚年时光都是在这四层小洋楼里度过的。

👍重庆提升服务水平,全力帮助水运企业渡过难关。

👍村里的小孩每天都要靠溜索渡过大河去对岸上学。

＊F＊

fā fèn　　fā fèn
发奋、发愤("发奋"、"发愤"要求同存异)

易错指数 ★★★★★

👎为了能登台表演,她每天都在练功房里发愤练舞。

　　"发"本义表示放箭,使箭离弦。"奋"本义表示鸟类振羽展翅要准备飞翔。"发"和"奋"都有表示开始的意思,表示开始振作起来。

　　"发愤"我们可以理解为发泄心中的愤怒。强调一个人在逆境中,或者困难下由于愤怒而产生的动力,这种动力即是决心要努力干大事,摆脱衰样儿。上例中,她的内心并没有愤怒可言,她也不是处于逆境或者困难中,她为什么要愤怒呢?跳舞就在于要心平气和,应该把"发愤"改为"发奋"。

👍小胖发誓要从新学期的第一天开始发奋学习。

👍中华民族必须发愤图强,摆脱受外敌侵略的局面。

👍司马迁发愤著书,写成《史记》。

fǎ zhì　　fǎ zhì
法制、法治("法治"就是运用"法制"治理国家)

👎老王每天都看《法治日报》。

"法制"表示法律制度体系。

"法治"表示依据法律治理社会和国家。上例中,老王每天都看关于法律制度方面的报纸,而不是看以法治报,报纸虽要遵守相应出版规则,但是无需动用法律来治理报刊。老王若非专业人士,也不必每日研究如何动用法律来治理报纸。

👍当前,我国已经形成了具有中国特色社会主义的法律体系,进一步健全了法制,这是贯彻依法治国方针的结果,实现社会主义法治指日可待。

👍1999 年我国把"依法治国,建设社会主义法治国家"这一基本治国方略,正式写入《宪法》修正案。

👍我国是法治社会,法律面前人人平等。

fán luàn　　fán luàn
烦乱、繁乱（事情"繁乱"导致心情"烦乱"）

易错指数 ★ ★ ★ ☆ ☆ ☆

👎滥用抗癫痫药物,经不正规治疗,大部分患者神经系统易繁乱。

"烦"分别由左右两边的"火"和"页"组成,"火"表示发热,"页"在造字之初,上边像人的头,下面像人的身体,它的本义即表示头,"烦"的本义即头痛发烧。头痛发烧,当然会引起内心烦躁不安,即烦乱。

"繁"表示众多。"繁乱"表示事情、物品众多而又杂乱无章。"烦乱"多指人的心情;"繁乱"多指事物。上例中,侧重于讲神经系统因为治疗不当而容易引起烦躁不安,"繁乱"应改为"烦乱"。

👍每个人的心情都是那么烦乱不安,每个人的心里大概都是点火就着

"页"的古字

错词清道夫

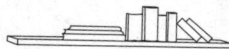

的状态。

👍这款手镯虽造型繁乱,却更显独特的女人味。

fǎn yìng　fǎn yìng
反映、反应(你反映的问题引起了人们强烈反应)

易错指数 ★★★★☆

👎这个问题必须向领导反应。

👎听闻这个消息,他没有任何反映。

　　"反映"有四个不同解释。第一,物体的形象倒映在另一个物体上;第二,把客观事物的实质或实际情况表现出来;第三,把情况、意见等告诉上级或有关部门;第四,指有机体接受和回答客观事物影响的活动过程,如人的感觉、情绪、意志等就是最高级的反映形式。

　　"反应"有四个不同解释。第一,指生命有机体受到刺激而引起的相应的活动和变化,如病人打针、吃药所引起的呕吐、发热、头痛、腹痛等不适症状的反应;第二,它是化学领域的专业术语,如叶子见光会变绿,这叫做光和反应;第三,原子核受外力作用而发生变化,如核反应堆;最后一个也是极其容易被误用的一个解释是指事情所引起的意见、态度或行动。上例中,应改为"这个问题必须向领导反映",即是把事情、意见、问题告诉给上级有关部门。"给领导反应"说不通,只能是"给领导一点反应的时间"。应该把"他没有任何反映"改为"他没有任何反应",即听闻消息后,他没有任何态度或行动,喜怒哀乐无从得知。

👍他反映的问题,我们应该认真考虑。

👍这一系列问题的出现,反映了校园安全整顿已迫在眉睫。

👍迈克·杰克逊死前半小时出现过昏迷、呕吐的反应。

fēi fēi　fēi fēi
菲菲、霏霏(部首不同意义不同的"菲菲"、"霏霏")

易错指数 ★★★★☆

神农架的清晨常常云雾菲菲,如仙境一般,十分令人陶醉。

很多女孩取名叫"菲菲"、"霏霏",让人感觉亲昵可人,二者读音相同,字形相似,人们自然而然地就认为它们是一对双胞胎而混淆使用,殊不知它们只是撞了个脸,可没有亲缘关系。

"艹"字头的"菲菲"表示和植物有关,形容花草茂盛、美丽。花草香气浓郁。

"雨"字头的"霏",表示和雨水、雾气有关,"霏霏"形容(雨、雪)纷飞,(烟、云)很多很浓。上例中,形容云雾等水、气所形成的自然现象应该用"霏霏"。

河谷两岸芳草菲菲,一派春意盎然的美丽景象。

细雨霏霏,山风吹拂,给初夏的天气带来几分惬意。

峨眉山以多雾著称,常年云雾霏霏。

025

fèi chú　fèi chù
废除、废黜("废除"还是"废黜"看"人"而定)

易错指数 ★★★☆☆

作为一名球员,波什能够提升球队的整体才能,或许还能帮助火箭废除湖人在西部的统治地位。

"废除"表示取消、废止(法令、制度、条约等),"废除"不针对人。

"黜"左边一个"黑",右边一个"出",借用了"出"的读音,本义表示黑暗。当某同学好不容易做了个班长,可还没当过瘾就被班主任收回"官衔"和一切权力,降为普通同学,他心里面当然是"唰"的一下就变黑了,拔凉拔凉的。这就叫"废黜",即罢免、革除(官职),取消王位或废除特权。"废黜"是针对人而言的。上例中,NBA球队中,火箭队要废黜的是湖人队在篮球界的统治地位,即王位,应该用"废黜"更加贴切。

错词清道夫

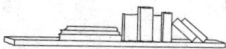

👍俄罗斯没有就废黜叙利亚总统阿萨德的问题与美国进行任何谈判。

👍《甄嬛传》中,甄嬛受宠也好,被废黜也罢,其命运总与皇帝雍正紧紧相连。

fēn biàn　　fēn biàn

分辨、分辩(你能分辨出"分辨"和"分辩"的不同吗?)

(易错指数)★★★★☆

👎看来苹果粉丝对 iPad3 即将使用的高分辩率还是表现出极为浓厚的兴趣。

👎你会分辩这两个词语的用法吗?

　　"辨"中间恰似一个"忄",我们暂且把这个字和这个偏旁联系起来看,说明这个字和人的内心、大脑有关系,"分辨"即通过人的大脑、意识、内心的思考判断区别出不同事物的特点。上例中应改为"高分辨率",分辨率越高,图像的精密度就越高,画面就越清楚;区分两个词语的不同用法,首先要认识到两个词语的不同特点,所以应当把"分辩"改为"分辨"。

　　"辩"中间是"讠",表示和语言、言论有关系。"分辩"即用语言说明事实真相,用语言来消除误会或受到的指责。

👍雨下得太大,走在泥泞的路上,我已分辨不清回去的方向。

👍这件事确实不是我做的,他们爱说什么说什么吧,我不想为此分辩。

fèn zǐ　　fèn zǐ

分子、份子("分子"、"份子"所指对象各不同)

(易错指数)★★★★★

👎现在的犯罪份子,为了钱可是什么都干得出来。

👎阿富汗总统府附近地区遭到武装份子袭击。

"分子"指属于一定阶级、阶层、集团或具有某种特征的人;"份子"即集体送礼时各人分摊的钱,泛指做礼物的现金。上例中两个"份子"都应该改为"分子"。人们往往认为犯罪人员、武装人员都是人,理所当然地把"犯罪分子"、"武装分子"都加上了"亻"旁,这其实是画蛇添足。

👍刘老师被评为我市 2012 年度"先进知识分子"。

👍随着婚宴举办档次的提高,赴宴宾客交的份子钱也水涨船高。

fǔ yǎng　shàn yǎng
抚 养 、赡 养（上下关系不可颠倒）

（易错指数）★ ★ ★ ★ ☆

👎父母有赡养子女的义务,子女也有抚养父母的责任。

　　"抚养"即爱护并教养。"爱护"是上对下的爱惜和保护,"教养"的"教"本义是上所施下所效,也是一种上下关系,"抚养"即是一种上对下、长辈对晚辈、年长者对年幼者的养育。

　　"赡"左边是"贝"字。在古代,"贝"就代表了当今的人民币,是金钱财物的象征。"赡"的本义即供给钱财,"赡养"即特指拿出钱财供养,特指子女在物质和生活上对父母的帮助。上例中,父母对子女,是一种长辈对晚辈的关系,应该用抚养;子女对父母,是一种晚辈对长辈的关系,应该用"赡养"。

👍抚养孩子长大成人不容易,孩子长大后不能不管老人,应对老人尽赡养义务。

👍五个子女不尽赡养义务,致年过八旬的父母生活无着落而诉至法院。

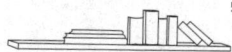

fù shì fù shì
复式、复试（"复式"、"复试"大不同）

(易错指数) ★★☆☆☆

👉教练组挑选了10余名具有篮球天赋的球员进入第二天的复式。

　　"复式"是一种房屋的内部建筑结构样式。指房屋在概念上是一层,但层高较普通的房屋高,可在局部掏出夹层,安排卧室或书房等,用楼梯连接上下。

　　"复试"指有些考试分两次举行,第一次叫做初试,第二次叫做复试。上例中,10余名球员是已经经过第一轮测试后挑选出来的,他们将在第二天进入第二轮测试,即复试。

👍中粮海景壹号商品房将推出复式及平层房源。

👍考生认为南方科技大学复试试题有趣。

fù yuán fù yuán
复原、复员（战士会在身体复原后复员回家）

(易错指数) ★★★☆☆

👉德国国足施魏因斯泰格在今年2月右脚脚踝受伤,目前伤势复员情况没有预期好。

　　"原"表示"原来的、本来的形状和样子"。"复原"即生病后又恢复健康。物品遭到损毁后又恢复原状。上例中,踢足球的帅哥腿伤没能恢复到健康状态,应该用"复原"。

　　"员"表示人员,即部队的军事人员,"复员"特指军人因服役期满或战争结束等原因退出武装军队,恢复到从军之前的身份。

👍具有近百年历史的曹家花园提升改造工程基本完工,此次工程复原了花园的宫廷式建筑风。

👍复员军人救出落水女童。

fù yǒu fù yǒu fù yǒu
富有、赋有、负有("三有"三不同)

易错指数 ★★★☆☆

👎刘亦菲富有神仙姐姐的气质。

👎赵本山的小品在小品界最赋有代表性。

"富有"表示充分地具有,有的不是一丁点,而是很多很充分。也可以形容拥有很多财富,不论是物质财富还是精神财富。上例中,赵本山的小品最具有代表性,应该将"赋有"改为"富有"。

"赋有"表示先天具有,与生俱来的某种东西。也可表示受外界的某种力量驱使人们具有某种东西,如赋有建设国家的使命。说来说去都是和人有关系的,只能是人赋有某种东西,不可以指物。

"负有"表示具有某种责任,专指责任。上例中,演员刘亦菲与生俱来就有这样一种不食人间烟火的气质,不是靠包装出来的,是本身就具有的,应该把"富有"改为"赋有"。

👍这部作品富有鲜活的生命力。

👍小沈阳赋有表演天赋。

👍这起交通事故,酒驾司机负有不可推卸的责任。

fù shù fù ráo
富庶、富饶(资源"富饶",人口可不能"富饶")

易错指数 ★★★★☆

👎这是一个生机勃勃的小城镇,物产丰富,人口富饶。

"庶"上面是一个"广"字,"广"在古代是一个象形字,像古代的房屋的形状。"庶"的本义就是屋下众,"众"是三个人站立着组成的字,在古代"三"表示"很多"的意思,可以理解为屋里人多。"富庶"即物产丰

庶

"庶"字的古字

错词清道夫

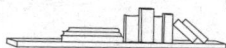

富,人口众多的意思。需要说明的是,人口众多是建立在一定物质基础之上的,单是人口多,还不能算富庶。上例中,生机勃勃的小城镇,物产丰富,形容这样的城镇人口众多,应该用"人口富庶"。

"饶"左边是"食"字旁,本义即饱,表示食物充足,人们吃得饱,穿得暖,不为柴米油盐愁,已经奔小康了。"富饶"即物产多,财产多。看来,两个词唯一的区别就在于"富庶"可以形容人口多,而"富饶"则不行。

👍凝心聚力共建富庶美丽幸福家园。

👍江南水乡带给那里的人们富饶的生活。

＊G＊

gān zǐ gān zǐ
杆子、竿子("杆子"、"竿子"外形一样,功能不同)

易错指数 ★★★★☆

👎为了让野鸭们怕生,志愿者们不得不拿着杆子驱赶它们。

👎有的人甚至用杆子直接打在水上,掀起的水花,足够让你全身湿透。

👎饭店门前原本划着一排公共停车位,却被商家立了竿子占用了。

"杆子"表示有一定用途的细长的木头或者和木头类似的东西,多直立在地上,上端较细。如电线杆子、旗杆子。"杆子"也读 gǎn zi,表示一个物体中的一个部分像棍子一样细长(包括中空的)。如枪杆子、笔杆子、秤杆子。上例中,商家立起的应该是"杆子"而非"竿子"。

"竿"的本义即是专指竹竿。"竿子"即细长的竹竿,后意义泛化,即一般的竿子,如钓鱼竿子、木竿子、竹竿子。上例中两个"杆子"都不是指直立在地上的杆子,仅是人们所说的一般的竿子。

👍居民小区内,他们随便圈一块地、插上几根杆子,就形成了一个简易的练车场地。

👍路边的一根杆子上贴满了各种招聘小广告,杆子下方还刻上了众多办证的电话号码。

👍田径世锦赛再出意外,选手撑竿跳时竿子被折断。

gāo líng　gāo shòu
高龄、高寿("高龄"和"高寿"用法大不同)

(易错指数) ★★★☆☆

👎看着儿孙满堂,两位高寿老人高兴得合不拢嘴。

　　"高龄"是称年龄超过六十岁的老人,表示一种尊敬。也可形容一定范围内岁数偏大的人。

　　"高寿"用于询问老年人的年纪,也可以形容人长寿。作为名词,两个词都表示对老人的敬称。虽然意思相似,但是在表达上有很大区别,"高龄"一般是用于对老人的称呼,"高寿"一般是用于询问老人的年纪。上例中,"高寿"一般用在疑问句中,用在陈述句中就不妥当了,"高寿老人"应改为"长寿老人"更为恰当。

👍这位老红军战士已经有90岁高龄了。

👍刘德华妻子朱丽倩46岁首次做妈妈,是一位十足的高龄产妇。

👍请问您老今年高寿啊?

gōng fu　gōng fu
功夫、工夫("巴神"才上场一会儿"工夫"就展示出他一流的脚下"功夫")

(易错指数) ★★★☆☆

👎意大利足球新秀"巴神"的脚下工夫一流。

　　"功夫"指本领、造诣,也专指武术。

　　"工夫"通常指占用的时间,如吃饭的工夫,睡觉的工夫。也可以表

示空闲的时间。上例中说巴神的脚法很棒,在踢球方面有很深的造诣和很高的本领,显然不是说"巴神"的脚下的时间,应把"脚下工夫"改为"脚下功夫"。

👍甄子丹、洪金宝都是拥有真功夫的香港武术演员。

👍同学们想要进入自己理想中的大学校园,就必须下苦功夫读书。

👍小胖一早上的工夫就把老师布置的周末作业全部完成了。

👍只要一有工夫,他就会去球场上拼命训练。

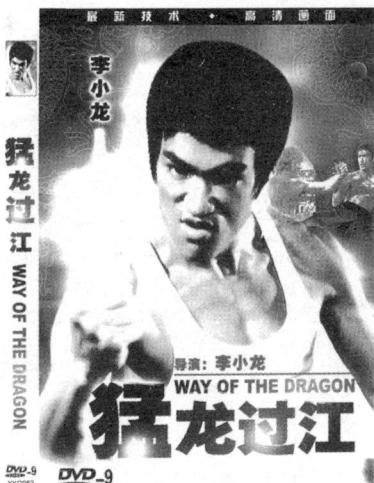

功夫片《猛龙过江》

gōng xiào　　gōng xiào
功　效　、工　效（"工效"、"功效"不可混为一谈）

（易错指数）★★★☆☆

👎整形美容医院往往夸大提眉术的工效,认为提眉术能使眉形秀美、提升眼角、防范衰老。

　　"功效"即功能或效率;"工效"即工作人员的工作效率,即在一定工作时间内完成的工作任务。提眉术是一类微整形手术,有提升眼角、防范衰老的功能,眉毛是不能工作的,也就没有工作效率之说。

👍葡萄是一种滋补药品,具有补虚健胃的功效。

👍养护工自制的道路清扫车,一天可抵20个道路清洁工的工效。

👍挖泥船疏通渠道成本低工效高。

gōng xiū　　gōng xiū
工休、公休("公休"、"工休"可要想清楚)

易错指数 ★★★☆☆

☞这家跨国企业规定员工每年有30天的公休假期。

　　"工休"指工作人员在工作一段时间以后休息,如医院护士值完夜班会休息半天或一天后再继续工作,这一天也许并非周末或者国家法定节假日。另外,工作时间内规定的休息时间,如流水线上的工人由于高强度的工作,常常会在工作两小时后休息十分钟再继续工作,就像学生上课45分钟,然后休息10分钟,再接着上课。

　　"公休"指节日、假日等集体休假。侧重于集体性的、公共的、国家法律条例规定的休假,如周末、国庆节、春节都是公休日。上例中,一家企业的员工每年都有工休假期,而不是公休假期,因为这样的假期是企业针对自己的员工制定的,并非国家规定的每个劳动者都享有的集体假期。

👍宁夏路桥公司将夏季上午11时至下午4时这一高温时段定为工休时间。

👍国庆七天是国家法定公休假期。

gòng pǐn　　gòng pǐn
贡品、供品("贡品"非"供品")

易错指数 ★★★☆☆

☞时代不同了,古时候皇帝才能吃到的供品仙桃,现在市场上都能买到。

　　"贡品"指古代臣民或属国献给帝王的物品,现在用来形容行贿当权者的物品;"供品"是敬献给神灵祖先的,通常把供品放在神灵、祖先的像或牌位前,还要烧香点烛。因此"供品"是专门给神灵祖先的,凡人活人可不能随便吃。上例中,应把"供品"改为"贡品",古代只有稀罕的珍品才献给皇帝,随着经济的发展,人人都可以吃上曾经只有皇帝才能

错词清道夫

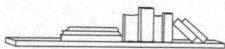

吃的贡品。

👍古代，兰州砂锅不仅是百姓不可缺少的生活用品，并且是深受皇家喜爱的贡品。

👍年逾半百的失业男子，竟然偷庙里的供品来果腹充饥。

gōu tōng　gōu tōng
沟通、勾通（为做好事而"沟通"，为做坏事而"勾通"）

易错指数 ★★★☆☆

👎为增进群众对110的了解，勾通警民感情，市公安局决定开展"开门评警走进110"的宣传活动，以增进群众与110的勾通与互动。

"沟"本是指田间的水道，彼此连通灌溉农田。"沟通"即使两方能通连，使两方连接并相通。一般多用于人和人之间心理、情感、文化等方面的交流。

"勾通"为了进行不正当的活动而暗中串通、勾结。一般用于坏人、帮派之间的暗中勾结、狼狈为奸，是带有贬义的词。上例中警察与人民之间的交流是光明正大的，是应该拥护和鼓励的，所以应该改为表褒义的"沟通"。

👍文化差异大的人在思想上最难沟通。

👍他们内外勾通，侵吞了巨额公款。

gǔ dòng　shān dòng
鼓动、煽动（要"鼓动"不要"煽动"群众）

易错指数 ★★★☆☆

👎音乐节上，歌手卖力煽动气氛。

👎一些别有用心的人鼓动群众搞破坏。

"鼓动"指用语言、文字、行动等激发别人的情绪，使人行动起来。

"鼓动"算是一个不褒不贬的中性词,可以是鼓动别人做好事,也可以是鼓动别人做不好但也不坏的事。上例中,作为公众人物的明星在音乐节上,调动气氛,让观众们都 high 起来,应该是"卖力鼓动观众,调动气氛",而不应该用表贬义的"煽动"。

"煽"左边是"火"字旁,右边是"扇子"的"扇",本义即火燃烧得很旺。所谓水火无情,在火情发生后,没有及时采取有力措施帮助灭火也就罢了,反而还拿着扇子扇动火苗,使火烧得更加猛烈,这不是在干坏事吗?"煽动"即鼓动别人做坏事。它是一个贬义词。上两例中,搞破坏本身就不是好事,怎么能用"鼓动"呢? 应该改为"煽动"。

👍他鼓动备受压迫剥削的工人们行动起来同资本主义、官僚主义斗争到底。

👍别有用心的人煽动无辜百姓去政府闹事。

gù zhǔ　　gù zhǔ
雇主、顾主(是"顾主"却不一定是"雇主")

易错指数 ★★★☆☆

👎他被炒鱿鱼之后,就马不停蹄地寻找着下一任顾主。

"雇主"表示雇用劳动力或者车船等交通工具的人,即出钱让别人为自己做事的人。指已经发生了明确的买卖关系之后产生的雇主和雇佣者关系。

"顾主"即顾客,即买东西或要求服务的人,商品是比较具体的实物。上例中,他被上级领导炒鱿鱼了,他失业以后要另找一份工作,即是寻找雇用他的人,应改为"雇主"。

👍这批雇佣者在几次无理罢工之后终被雇主解雇。

👍即使顾主眼光挑剔,没有选到称心如意的商品,作为服务员也要时刻保持热情服务。

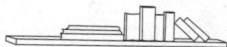

guàn chuān   guàn chuàn

贯 穿 、贯 串（"贯穿"是穿过，"贯串"是串起来）

易错指数 ★★★★★

👎京广铁路贯串长江和黄河。

"贯穿"侧重于从内部穿过、连通，可以是用于单个的事物。

"贯串"侧重于表示把不同的东西或者同一个东西的各个部分连成一串，就像街边卖的羊肉串，用一根细木棍把肉串起来似的。"贯串"还表示连贯。上例中，京广铁路穿过长江和黄河，而不是把长江和黄河连接、串在一起。应把"贯串"改为"贯穿"。

👍"以经济建设为中心"应贯穿整个社会主义初级阶段。

👍京广铁路贯穿北京、河北、河南、湖北、湖南、广东六省市。

👍复习考试时非常重要的一点就是把各部分知识贯串起来复习。

👍我们要注意使用过渡句，使前后文贯串起来。

guàn zhù   guàn zhù

灌 注、贯 注（"灌注"与"贯注"用法不同）

易错指数 ★★★☆☆

👎老师在学生身上贯注了太多心血。

"灌注"即把精神、精力、注意力全部集中在某一个事情上或某一项工作中，后面可以直接跟事情或工作。另外也指把水、鲜血等液体或抽象的心血浇进、注入。

"贯注"即把精神、精力、注意力全部集中在某一个事情上或某一项工作中。后面不能直接跟事情或工作，必须要先加入"到、在、于"这样的调料才有味儿。上例中，应该是"老师在学生身上灌注了太多心血"或者"老师把太多心血贯注（灌注）到学生身上"。

👍我们小心翼翼地把水灌注到桶里。

👍他在他的美术作品中灌注了太多个人情感。

👍他把所有精力都贯注在文学创作中去了。

guǐ guài　guǐ guài

鬼怪、诡怪（词性不同的"鬼怪"
和"诡怪"）

(易错指数) ★★★☆☆

👇美国流行天后 Lady Gaga 装束鬼
怪，她非常热衷于鬼怪的时尚风格。

Lady Gaga 的夸张造型

"鬼怪"表示鬼和妖怪。

"诡怪"表示奇异怪诞。我们可
以说美国流行天后 Lady Gaga 平日
里总爱穿着奇装异服，配以夸张的头饰妆容，是一个很诡怪的人，但是我
们不能说她是鬼怪，因为她既非鬼也非妖，她只是彰显了一种夸张的时
尚风格。

👍由周迅、赵薇主演的《画皮》是一部讲述鬼怪和人之间的爱情的魔幻
电影。

👍科考队称新疆罗布泊是亚洲大陆上的一块"魔鬼三角区"，在那里发
生过很多诡怪的事情。

guó shì　guó shì

国事、国是（"国事"、"国是"你关心了吗？）

(易错指数) ★★★★☆

👇法国总统抵达哥本哈根开始对丹麦进行国是访问。

"国事"指与国家有关系的各种事物，"国事"包括了"国是"，是一
般老百姓茶余饭后可以参与讨论的国家事务。

"国是"指国家大计，即关系国家发展和前途命运的重大计划、事件

和决策等,常用于书面语中。上例中法国总统去丹麦进行国家与国家间事务的交流,逻辑上来说,法国的国家大计是不必去和丹麦商议,所以"国是"应改为"国事"。

👍爸爸和他的朋友在一起总爱讨论讨论国事。

👍全国人大代表大会上,与会各界代表都会积极参与,共商国是。

guò dù　　guò dù
过度、过渡("过度"、"过渡"天壤之别)

(易错指数) ★★★★☆

👉我们应尽力调整我们的学习心态,平稳地从中学阶段过度到大学阶段。

　　"过度"指超过适当的限度。刘翔的腿伤说不定就是他训练过度造成的,他在伦敦奥运会上的初次亮相因起步时用力过度,才导致伤病加重,没能冲向终点。

　　"过渡"指事物由一个阶段或一种状态逐渐发展变化而转入另一个阶段或另一种状态。上例中从中学到大学是从一个时期阶段过渡到另一个时期阶段,不存在限度上的超过,应改为"过渡"。

👍网友评论很多演员的照片 PS 过度。

👍女性运动过度会损害生育能力。

👍文章中第三段是连接第二段和第四段的过渡段,在文中起着承上启下的作用。

H

hān shuì　hān shuì
酣 睡 、鼾 睡("酣睡"并打呼噜曰"鼾睡")

（易错指数）★ ★ ★ ☆ ☆

👎台湾美女林志玲拍的时尚写真中,有几张鼾睡的照片拍得很甜美。

　　"酣睡"即熟睡,睡得很沉很香;"鼾"左边是个"鼻子"的"鼻",说明这个字和鼻子有点关系。它本义表示在酣睡时粗重的鼻息声。

　　"鼾睡"即熟睡并且打呼噜。号称台湾第一美女的林志玲,不管私底下如何,公共场合拍照是不可能熟睡到打呼噜的程度的。就算是第一美女真的打呼噜了,我们也没有超能力从几张照片中听到她打呼噜的声音,所以上例中"鼾睡"应改为"酣睡"。

👍襁褓中的婴儿酣睡的神情十分可爱。

👍小胖早晨不肯起床,上课经常打盹,甚至在考试时也头枕试卷鼾睡起来。

039

hé jì　hé jì
合计 、核计 (认真"合计"才能"核计"正确)

（易错指数）★ ★ ★ ☆ ☆

👎根据这学期的班费收支情况,期末班费核计还剩200元。

　　"合计"表示合在一起计算;"核计"表示核算,企业经营上的审查核实计算。上例中把各项收入和支出合在一起来计算后得出还剩200元,应该改为"合计"。另外,"合计"还表示商量。

👍上午卖报挣了8块钱,下午卖报挣了3块钱,饭钱花了5块,今天合计赚了6块钱。

👍我们来合计合计明天去郊游的事。

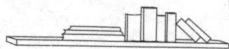

👍检察院派来了专案组核计账目报表。

hēi yóu yóu　　hēi yǒu yǒu
黑油油、黑黝黝（"黑油油"有别于"黑黝黝"）

易错指数 ★★★★☆

👎我走在黑油油的夜路上心里感觉真恐怖。

"黑油油"侧重形容黑得油亮油亮的。又要黑又要亮，两者具备才能叫"黑油油"。我们看那些电视上的非洲人虽然黑是黑了点，但是人家黑得发亮，也挺健康的。

"黝"本义即淡黑色。"黑黝黝"强调黑的程度深，使用范围要比"黑油油"大，可以表示黑得发亮，也形容光线昏暗，看不清楚。上例中，黑得发亮的路上不一定会恐怖，内心的恐怖来源于夜路上光线昏暗，看不清楚，所以应把"黑油油"改为"黑黝黝"。

👍哈莉·贝瑞拥有一身黑油油（黑黝黝）的皮肤，她是奥斯卡有史以来第一位黑人影后。

👍夜幕降临后，我们的越野车借着微弱的车灯继续奔向黑黝黝的大山深处。

hōng rán　　hǒng rán
轰然、哄然（"轰然"和"哄然"的发音对象不一样）

易错指数 ★★★★☆

👎伴着哄然巨响，一团大火从厨房窗口喷出。

"轰然"形容声音大并且很突然就发出很大声儿，重点在于物体发出的声音。

"哄"左边一个"口"旁，说明这个字和人的嘴巴有关，即表示很多人同时发出声音。"哄然"即形容很多人同时发出声音，重点在于人的声音。上例中，形容爆炸的巨响，应该用"轰然"。

👍伴随着一声巨响，大楼轰然倒塌。

👍2012 浙江大学光华法学院毕业典礼上高艳东老师的精辟讲话引来同学们哄然大笑。

huà zhuāng　huà zhuāng

化 妆 、化 装 （为了美丽而"化妆"，为了改变而"化装"）

易错指数 ★★★★☆

✍在武侠大作《四大名捕》中，邓超为了让造型更贴近这个角色，每天要化妆好几个小时。

"化妆"指用脂粉等使容貌变得美丽动人。只要爱美的人，不论男女老少都可以化妆，因而还有化妆品。

"化装"指演员为了适合所扮演的角色的形象而修饰容貌。如湖南卫视的新节目《百变大咖秀》，每期节目上，谢娜都要化装扮演一个经典角色，变成白素贞或是包大人……因此"化装"一般也只适用于演员。"化装"还表示假扮，即虚假地扮演与自己身份不同的角色。上例中，演员邓超为了演"冷血"这个角色，每天都要化装几个小时，并非为了使容貌美丽。

👍《美丽俏佳人》节目教电视机前的女性朋友如何像明星一样化妆，使自己变得更美丽。

👍他常常化装成小丑，博观众一笑。

👍在《碟中谍》系列电影中，汤姆克鲁斯非常擅长于用化装术来蒙骗敌人。

huān xīn　huān xīn

欢 心、欢 欣（"欢心"因喜爱、"欢欣"因快乐）

易错指数 ★★★☆☆

👎这对双胞胎姐妹长得太萝莉了，十分讨人欢欣。

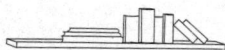

👎这一科研项目取得了阶段性的胜利,令人欢心鼓舞。

"欢心"指对人或事物喜爱或赏识的心情。上例中,一对小萝莉的可爱天真十分惹人喜爱,应该用"讨人欢心"。

"欢欣"形容快乐而又兴奋,常和"鼓舞"连用。上例中,令人感到快乐愉悦,应该用"欢欣鼓舞"。

👍电视剧《甄嬛传》中,甄嬛最得皇帝的欢心。

👍当听到航天员顺利出舱、身体状况良好的消息,国人无不感到欢欣鼓舞。

huán qiú　huán qiú
环 球、寰 球("环球"的使用范围比"寰球"大)

易错指数 ★★★☆☆

👎太空飞船寰球一圈的时间不到 24 小时。

"环球"除了表示整个地球,还可以表示围绕地球转动;"寰球"表示整个地球,强调地球的广袤无垠,广阔无边。上例中,环绕地球转动一圈,应该用"环球"。

👍他参加了某网站举办的"环球 80 天"公益环保活动。

👍2012 年西班牙欧洲杯三连冠,斗牛士笑傲寰球。

👍第八届"寰球杯"创业创新大赛颁奖典礼在逸夫会议中心举行。

huàn rán　huàn rán
焕 然、涣 然("焕然一新"和"涣然冰释"应分清)

易错指数 ★★★☆☆

👎精心装扮之后,她的形象涣然一新。

👎柔和的光线和极具创意的设计,足以让你的家涣然一新。

"焕然"形容有光彩;"涣然"形容人与人之间嫌隙、疑虑、误会等完全消除。上例中"涣然一新"应该为"焕然一新"。

👍开始新农村建设以后,农村面貌焕然一新。

👍经过深入的了解,我对新产品的顾虑涣然冰释。

慌 乱、荒 乱(人心"慌乱"便会造成社会"荒乱")

易错指数 ★★★★☆

👇考场上考生面对答卷,偶尔会瞬间失忆,这样的情况下考生不能荒乱。

　　"慌乱"左边"忄"旁,形容由于心慌而造成混乱行为;"荒乱"指社会秩序极端不安定。上例中,考生对试题的瞬间失忆,会造成内心的慌张,如果不及时调整这种慌张心态就会影响考试的正常发挥,但还不至于会引起社会秩序的极端不安定,所以应把"荒乱"改为"慌乱"。

043

👍入室盗窃时被居民发现,小偷慌乱中跳楼受伤。

👍一百年前,我们国家正经历着由封建王朝向民主共和再到军阀割据的荒乱岁月。

荒 诞、荒 谬("荒诞"即不现实,"荒谬"即错误)

易错指数 ★★★☆☆

👇恶霸的逻辑当然是荒诞的,但现实生活中,在所谓"合法"外衣的掩盖下,不法之事大行其道的现象屡见不鲜。

　　"诞"本义即说大话,"说大话"即是说话内容夸张,不切实际。"荒诞"在于形容内容夸张,不真实,但不强调正确与否,只强调不真实,不合情理。多用来形容传说、神鬼故事、文学作品的表现方法。

　　"谬"本义即极端错误,非常不合情理。"荒谬"形容极端错误,不合情理,其错误到了荒唐可笑、不可思议的地步,并不强调其是否真实。多

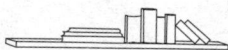

错词清道夫

用于指言论、观点等。上例中，强调的是错误，句中提到的"不法之事"即不合法的错误的事情，这里应该用"荒谬"。

👍玩世不恭的博伊尔，打造了一场荒诞不经却又触动人心的奥运开幕式演出。

👍杂志报道汤姆·克鲁斯遗弃6岁女儿，其律师今天谴责报道"荒谬不实"。

huáng huáng   huáng huáng   huáng huáng

惶　惶 、遑　遑 、皇　皇（"惶惶"、"遑遑"、"皇皇"各不同）

（易错指数）★★★★★

👎杀人犯潜逃15年终落网，自称遑遑不可终日。

　　"惶惶"左边是"忄"旁，形容内心的恐惧不安；"遑遑"左边是"辶"旁，与走路有关，形容走路匆忙，常见于书面语中；"皇皇"形容堂皇，气势宏大、盛大的样子。上例中，罪犯为了逃避法律制裁，整天东躲西藏，应该是形容罪犯内心极度恐慌，改为"惶惶不可终日"。

👍他自从生病以后总觉得有人要害他，每日都惶惶不安。

👍演员李冰冰担心自己素颜的样子被记者拍到，下车后遑遑奔向酒店。

👍司马迁花了十多年时间写成了《史记》这部皇皇巨著。

huì hé   huì hé

会合、汇合（与水流有关的就用"汇合"）

（易错指数）★★★★★

👎在朝天门码头，长江和嘉陵江会合在一起，浩浩荡荡奔向远方。

　　"会合"指各方聚集到一起。着重于指人、物聚集在一起，见面相会。

　　"汇合"表示由小汇合变大，或由少汇合变多，汇合之后便形成了一个难分彼此的整体。"汇合"含有"会合"的意思,一般情况可以通用。但如果用于指水流或像水流一样流动,只能用"汇合",不能用"会合"。上例中,长江和嘉陵江的两江水在朝天门码头处汇合成一股水流,应该把"会合"改为"汇合"。

👍这几天易建联一直在老师的陪同下进行体能训练,等待与国家队的会合。

👍两股人流在十字路口处汇合。

👍无数个小人物汇合成一股巨大的力量,成了汪洋大海,足可以改天换地。

huì jiàn *jiē jiàn*
会见、接见(不可轻言"接见")

易错指数 ★★★☆☆

👎各地人大代表在人民大会堂接见了国家主席。

"会见"表示和别人见面。可以是上级会见下级,也可以是平级之间会见,或者下级会见上级。

"接见"即与前来的人见面。多用于正式场合上级接见下级。上例中,作为国家主席,人大代表只能是会见主席。主席身居北京,应该是主人,各地代表来北京开会应该是客人,客人见主人不能用"接见"。可改为上对下的关系:国家主席在人民大会堂接见了各地人大代表。

👍塞浦路斯国家二号人物奥米卢议长会见了应邀来访的世贸通移民机构总裁。

👍市委书记李东会见了前来考察的黄河集团执行总裁潘明一行。

英国女王接见 Lady gaga

错词清道夫

👍英国女王接见新西兰奥运代表团。

huò rán　huò rán
豁然、霍然("霍然"转身,面朝大海,心境"豁然"开朗)

易错指数 ★★★★☆

👎我豁然明白了,我忽然开窍了。

"豁然"形容开阔或通达、明白。

"霍然"形容突然。形容疾病迅速消除。上例中,"豁然"本来就有明白的意思,结合句意,应该是说突然明白了,忽然开窍了。"豁然"应当改为"霍然"。

👍走过一个狭长的巷道后,眼前的景象豁然开朗。

👍我独自在路上走着,前面霍然出现一个黑影。

✲ J ✲

jī bǔ　jū bǔ
缉捕、拘捕(先"缉捕"再"拘捕",程序不可反着来)

易错指数 ★★★★★

👎印度一工厂发生骚乱并引发大火,警察当场拘捕了88人。

"缉捕"表示公安机关捉拿(犯罪的人);"拘捕"指公安机关在捉拿犯罪嫌疑人之后,移交司法机关,由司法机关对犯罪分子在一定时间内剥夺人身自由,并予以羁押的刑事强制措施。上例中,警察当场抓捕了88人,应该用"缉捕",因为警察没办法当场马上移交司法机关进行审理并确定其罪行,必须严格按照法律程序一步一步执行。等待证据充足,法庭宣判后,再进行拘捕。

👍山东公安部门开展缉捕重大逃犯攻坚行动。

👍一名男子因邮寄气枪铅弹到外地,涉嫌非法运输弹药,被检察院依法拘捕。

jī chá　jī chá
稽查、缉查("稽查"、"缉查"差别大)

(易错指数) ★★★★★

👇本季度的稽查工作主要是缉查辖区各企业有无偷税漏税等违法行为。

👇就个别企业存在的偷税漏税行为,稽查单位已经移交给公安机关作进一步的稽查。

　　"稽查"表示检查是否存在(走私、偷税、违禁等违法活动)。或者指担任这种检查工作的人。

　　"缉查"表示搜查,即在基本确定了其违法活动后,为寻找证据而进行的搜查。上例中,"有无偷税漏税等违法行为"说明还没有确定是否真的存在违法行为,应改为"稽查";"就个别企业存在的偷税漏税行为"说明已经确定了犯罪行为,公安机关的任务就是为搜集犯罪证据而展开进一步搜查,应改为"缉查"。

👍边境稽查队员在对过往车辆进行稽查时发现了大量违禁物品。

👍公安机关正在就这起轰动全国的走私案进行大范围缉查。

jī liú　jī liú
羁留、稽留(被迫在外地停留曰"羁留")

(易错指数) ★★★★☆

👇由于天气原因航班延误,我不能按时前往广州开会,将羁留在重庆老家。

　　"羁留"仅表示(在外地)停留并且有被迫停留的意思,另外还表示对罪犯进行拘留、羁押。

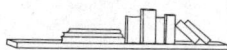

"稽留"表示停留,对停留的处所没有限制,可以是在外地稽留,也可以是稽留在家中;可以是被迫稽留,也可以是自己主动稽留某个地方。看来这个词还挺随便的。上例中,"我"停留在家中,而不是外地,应该用"稽留"。

👍由于天气原因航班延误,我将在广州羁留(稽留)数天再回重庆老家。

👍由于你有重大作案嫌疑,已被公安机关羁留。

jí qí　jí qí
及其、极其("及其"、"极其"差别大)

(易错指数)★★☆☆☆

👎陕甘宁边区的经济危机及其成功地被化解了。

"及其"是连词,两边连接的是两个意义对等、词性对等的名词或名词词组,和"和"、"与"的意思相当。

"极其"表示非常、极端。如"极其用心"、"极其感人"。上例中"危机"和"成功地"之间不存在对等关系,表达的是非常成功地化解了危机,"及其"应改为"极其"。

👍请回答辛亥革命的时间及其意义。

👍三峡大坝今年首次开闸泄洪,场面极其宏伟壮观。

jì ér　jì ér
既而、继而("既而"、"继而"二者亲密程度不同)

(易错指数)★★★★☆

👎校长的毕业致辞先是给我们一惊,片刻安静之后,继而是雷鸣般的掌声响彻整个礼堂。

"既而"用在全句或下半句的开头,表示上文所说的情况或动作发生之后不久。虽然在时间上存在前后关系,但是其动作行为并不连贯。

"继而"表示紧随在某一情况或动作之后。侧重于两个行为动作或是情况之间前后紧随,连贯一体,恰似多米诺骨牌一个接一个地倒下,虽是前后相继,但却连贯自如。上例中,学生们是在"一惊"之后不久才暴发的掌声,中间有片刻的安静,说明两个行为动作之间虽是前后相继,但不连贯,应该用"既而"。

👍他从农村来到城市,既而又出国,一生的每一步都脚踏实地。
👍申雪、赵宏博在知道自己夺得第一的好成绩后,激动地欢呼,继而是低声哭泣。

jì lù　*jì lù*
记录、纪录(我们要"记录"下运动员破"纪录"的瞬间)

易错指数 ★★★☆☆

👎监控纪录显示他没有在现场。

"记录"表示把听到的话或发生的事写下来,或者表示记录下来的材料以及记录材料的人;"纪录"表示在一定时间或范围内记载的最好成绩。上例中,应该用"记录",表示监控器记录下来的材料。

👍同学们的每一次迟到早退,老师的花名册上都会有记录。
👍作为游戏大玩家,他的游戏积分总是破纪录。

jiǎn chá　*jiǎn chá*
检查、检察(不是谁都有权力"检察")

易错指数 ★★★☆☆

👎老师要求没有检察作业的学生写一篇深刻的检察。

"检查"表示为了发现问题而仔细查看,如检查作业、检查身体。另外"检查"还表示检讨,即找出缺点和错误,并做自我批评。

"检察"特指国家法律监督机关(检察院)依法定程序进行的法律监

错词清道夫

督活动,即审查被检举的犯罪事实,看是否符合实际,既而采取相应的法律措施。上例中,两处都应改为"检查",前一个表示为了发现作业中存在的问题而用心仔细查看,后一个表示老师要求学生们就自己的错误行为进行自我批评。

👍明星走红毯之前都会一遍又一遍地反复检查自己的妆容是否完美。

👍检察院承担对贪腐案件的检察工作。

jiǎn pǔ　jiǎn pǔ
简朴、俭朴("简朴"是一种风格,"俭朴"是一种品质)

(易错指数)★★★★☆

☞著名主持人阿英人到中年后,穿衣风格很俭朴,常常身着一身毫无雕饰的灰白布衣,没有一点明星架子。

"简朴"形容(语言、文笔、生活作风等)简单朴素,侧重于"简单朴实"。

"俭朴"形容俭省朴素,即爱惜物力不浪费财物,侧重于在财物上的节俭。我们可以理解俭朴是指平时生活中不舍得吃、不舍得穿,重节俭;简朴是指风格简单不繁复。上例中,阿英走的是简单朴实路线,但也许衣服价格并不便宜,如若是几百上千的衣服,我们只能是说她穿着简朴低调,但不一定是在财物上的节省。

👍毛泽东在生活上的俭朴是出了名的。他穿的衣服是补了又补,牙刷常常是在变成了"不毛之地"后才肯换新的,鞋子也要穿到不能修补了才放弃。

👍王力宏个人生活很简朴,家里除了床没有其他家具。连小S都说王力宏是她见过的唯一没有物欲的人。他的钱几乎只用在音乐器材上。

jiāo dài　jiāo dài

交代、交待（"交代"、"交待"有同也有异）

易错指数 ★★★★☆

👎我出差之前会把工作给小王交待清楚。

"交代"指把经手的事务移交给接替的人；嘱咐，吩咐；把事情或意见向有关的人说明，特指将错误或罪行坦白出来。

"交待"仅在表示把事情或意见向有关的人说明，特指把错误或罪行坦白出来时，可以与"交代"互换使用。另外，"交待"还指结局不如意，不好的结果。上例中，表达的意思是"我"在出差之前会把我近期经手的工作移交给顶替我工作的小王，让他替我去处理，应该把"交待"改为"交代"。

👍妈妈交代我不能随便和陌生人说话。
👍面对恋情，明星们往往都含糊其辞，不愿对公众交代（交待）清楚。
👍你必须老实交代（交待）这次考试有没有作弊。
👍要是当时真的没站稳，滑下悬崖，我这条命就交待了。

051

jié jiǎn　jié jiǎn

节俭、节减（"节俭"、"节减"词性不同）

易错指数 ★★★☆☆

👎我们应该节俭生活开支，不能随意浪费。
👎他是一个非常节减的人。

"节俭"形容用钱用物节约、节省，可作形容词；"节减"指因为节俭而减少了数量。上例中，形容人的品质用"节俭"，当改为"他是一个非常节俭的人"；"我们应该"后面跟动词，只能用"节减"，即减少生活开支。

👍青岛"文明餐桌行动"倡导市民文明节俭用餐。

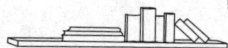

👍BP 公司实施重组计划,通过节减成本和提高效率,可望在 3 年内每年再节约 30 亿美元。

jiè xiàn　jiè xiàn
界限、界线("三八"线是"界线"而非"界限")

易错指数 ★★★★☆

👎远处海天一色,很难划分出清晰的界线,哪里是海哪里是天,无人知晓。

"界限"指不同事物之间相互区别的极限所在,一般用于抽象的事物之间。"界限"还表示尽头处、限度。

"界线"指相邻两个地区划分的分界线,引申指不同事物相互连接而又相互区别像线一样的细长部分,一般用于具体事物之间。还可表示某些事物的边缘,如排球发球出了界线;足球比赛中,一方把球踢出了球场界线,另一方可获得一次掷界外球机会。上例中,应改为"界限"。海、天是两个不同事物,由于视角和距离的不同,没有人能够真正测绘出海和蓝天的分界线,这是一个抽象的概念,应改用"界限"。

👍央视为大卫雕像打马赛克引发网友质问,艺术与低俗的界限在哪儿?
👍某明星愤怒炮轰网络媒体,暴力道德没有界限。
👍南京江南八区,各个区之间的界线在哪里?
👍手球比赛场地为长方形,长 40 米,宽 20 米,长界线称边线,短界线称端线。

jìn jiàn　jìn jiàn
觐见、晋见("觐见"、"晋见"身份有别)

易错指数 ★★★☆☆

👎英国首相布朗已经前往白金汉宫晋见英国女王。

"觐见"只能是用于见君王;"晋见"指会见身份地位较高的人。上例中,英国是君主立宪制国家,伊丽莎白女王就是一国之君,首相是她的臣民,君臣之间应该用"觐见"。

👍我国古代臣民觐见皇帝如何施礼,是有讲究的。

👍我和张跃平在上海市政府驻京办晋见了龚部长。

jīng zhì　jīng zhì
精致、精制("精致"的工艺品是经过无数道工序"精制"而成的)

易错指数 ★★★☆☆

👎贝克汉姆每次出场都是一身精制的打扮。

　　"精致"形容精巧细致;"精制"是指把粗制品经过多个程序的深加工后变成了精品,即精心制作的意思,多用来形容食品、物品,不可指人。上例中,贝克汉姆每次出场都经过了精巧细致的打扮,我们不能说贝克汉姆原本是个粗制品,加工了才帅气,不加工就不是美男了。

👍这份礼物十分精致,讨人欢心。

👍专家提醒父母要为宝宝尽量选用精制植物油配方奶粉。

👍历时半年,模型达人用上万根火柴棍精制的泰坦尼克号模型终于呈现在大家面前。

jìng sài　jìng sài
竞赛、径赛(在本次"径赛"中百米"竞赛"最有看点)

易错指数 ★★★☆☆

👎这次数学径赛,我们班包揽了第一、二名。

　　"竞赛"表示互相比赛,争取优胜;"径赛"指田径运动中赛跑和竞走等项目比赛的总称。上例中,"径赛"是专指各种运动田径比赛,如跳远、跨栏、跳高、马拉松等等。数学显然不是一个体育田径运动,它是数学领域的一个比赛,应该用"竞赛"。

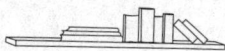

👍我有幸代表学校参加全国知识竞赛。

👍我们期待看到刘翔在 2012 年伦敦奥运径赛中的精彩表现。

jù biàn　jù biàn
巨 变、剧 变 (一个名词,一个动词,你分清了吗?)

易错指数 ★★★☆☆

👎转眼间,苏联巨变已经发生 20 年了。

"巨变"表示巨大的变化;"剧变"表示突然而又剧烈变化。上例中,苏联解体,国际形势发生了剧烈变化,应该用动词"剧变"。

👍加拿大技术移民政策迎来巨变。

👍改革开放三十年,中国发生了巨变。

👍我省近期天气剧变,提醒大家外出多加小心。

K

kǎo chá　kǎo chá
考 察、考 查("考察"重在调查观察,"考查"重在考核)

易错指数 ★★★☆☆

👎南极科考队即将启程赴南极考查。

"考察"指实地进行细致深入地观察,对象多是重大的科研项目。

"考查"用一定的标准来检查衡量,对象多是学生的学习成绩,工作者的工作表现和工作业绩。上例中,南极科考队将前往南极,实地深入地观察,应该用"考察"。

👍国务院总理温家宝曾多次前往汶川考察灾后重建工作。

👍对于开奢侈品店,选址很重要,一定要考察门店周边商业环境、人居环境、交通情况。

👍学分是考查学生在学校表现好坏的一种方式。

👍老师一般用A、B、C三个等级来考查学生学习情况。

kǎo wèn　kǎo wèn

拷问、考问（可"考问"学生，万万不可"拷问"学生）

(易错指数) ★★★☆☆

👎对于拒不坦白的罪犯，往往采取考问形式。

"拷"左边是"扌"旁，说明跟手有关系，"拷打"指用手打，"拷问"即指拷打审问。

"考问"指提出难解的问题让对方回答。上例中，罪犯拒绝向公安机关交代犯罪事实，公安机关就会适时采取拷打审问的方式来要求罪犯交代犯罪事实，应该用"拷问"。

👍《非诚勿扰》节目中，场上女嘉宾常常提出爱情难题考问男嘉宾。

👍屡屡发生的坍塌事件，拷问着城市基础设施的质量和管理水平。

kǔ chǔ　kǔ chù

苦楚、苦处（"苦楚"、"苦处"勿混用）

(易错指数) ★★★☆☆

👎他们过着辛酸苦处的生活。

"苦楚"专指生活上所受的折磨和痛苦；"苦处"泛指所受的痛苦。上例中，形容生活痛苦，只能用"苦楚"，不能用"苦处"。

👍从他脸上苦楚的表情可以看出，这些年他受尽苦处折磨。

👍他内心的苦处没有人知道。

👍母亲看着孩子那被眼泪浸湿的脸，握着她冰凉的手，苦楚地叹了口气。

错词清道夫

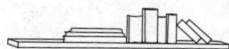

kuān hóng　kuān hóng

宽 宏 、宽 洪（嗓音只能是"宽洪"的,不能是"宽宏"的）

易错指数 ★★★★☆

👎周杰伦的嗓音并不算宽宏,但却独具特色。

"宽宏"形容(度量)大;"宽洪"形容(嗓音)宽而洪亮。上例中,众所周知,周杰伦说话是听不清楚的,唱歌也听不清楚,因为他的嗓音不够洪亮,声音很低沉,应该改用"宽洪"。

👍我做了很多对不起她的事,她却没有责备我,她真是一个宽宏大量的人。

👍著名歌唱家韩红有着一副宽洪的好嗓音。

L

056

lǎo chéng　lǎo chéng

老 成 、老 诚（"老诚"的人未必"老成"）

易错指数 ★★★☆☆

👎董卿在央视主持节目多年,已是一副老诚的样子。

"老成"形容经历多,做事稳重;"老诚"形容老实诚恳、诚实。上例中,董卿作为央视一姐,每每担任各大晚会主持人,经历多年的历练,主持节目自然就驾轻就熟,有张有弛,很是稳重得体,这里应该用"老成"。

👍妈妈说我是在温室里长大的花朵,没有经历过风吹雨打,做事很不老成。

👍许三多从小就老实忠厚,进了部队也是个老诚的好兵。

lì hài lì hài
厉害、利害（曹操是个"厉害"人物，深谙各种"利害"关系）

(易错指数) ★★☆☆☆

👎业主私自将居民住宅变为以营业为目的的旅馆，应该经有厉害关系的全体业主同意才行。

"厉害"形容让人难以忍受或者表示凶猛。如饿得厉害，痛得厉害。

"利害"可以分解开来，变成利益和害处，即好处和坏处。上例中，业主将自家的住房变成了旅馆，存在很多安全隐患，这样的行为应该得到其他邻居的同意才行，因为他们之间存在利害关系。

曹操画像

👍重庆的夏天热得厉害。

👍陈建斌在《新三国》中饰演的曹操是个厉害的角色。

👍我们要知晓其中的利害关系。

liàng lì liàng lì
靓丽、亮丽（"靓丽"为女性专用）

(易错指数) ★★★☆☆

👎赵本山私下里总是一身颜色靓丽的运动休闲装扮。

"靓丽"形容女性漂亮、美丽；"亮丽"形容美好优美，适用于你认为美好、优美的任何事物，没有对象限制。上例中，形容颜色明亮美丽也不能用"靓丽"，应该改为"亮丽"。

👍高圆圆长得青春靓丽，是一位偶像派的实力演员。

👍亮丽的玫红色既不会太花哨也不会太过沉闷。

👍他的散文写得亮丽优美,都快赶上散文家的水平了。

liáo kuò　liào kuò
辽阔、廖廓(2D 效果用"辽阔",3D 效果用"寥廓")

（易错指数）★★★☆☆

👎内蒙古有寥廓的大草原。

　　"辽阔"形容幅员广阔、宽广。侧重于指面积大,多形容大地、海面。

　　"寥廓"形容高远空阔。侧重于指深广,有空间感。如果说"辽阔"侧重于指一个平面,就像是一部 2D 电影。那么"寥廓"则侧重于指有长宽高的三维立体的东西,就像看一部 3D 电影,如寥廓的星空、寥廓的宇宙。上例中,形容大草原的广阔无边,应该用"辽阔",不能用形容高远的"寥廓"。

058

👍中国土地辽阔,人口众多。

👍寂静的深夜,我仰望着寥廓的苍穹,格外思念远方的父母。

liú chuán　liú chuán
流 传 、留 传 （"流传"的是信息,"留传"的是遗产）

（易错指数）★★★☆☆

👎网上留传的一些美白偏方其实是没有科学依据的,不仅没有美白效果,还有可能让你毁容。

　　"流"表示像水流一样流淌,"流传"指信息像水流一样传播开来;"留传"指遗留下来传给后代的物品或者是精神品质。上例中,应该改为"流传",即通过网络传播开来的一些美白方法是不科学的。"留传"则表示网上的前辈遗留下来给后代的美白方法,显然不符合逻辑。

👍中国流传着女娲补天的神话传说。

👍艰苦朴素是中华民族几千年留传下来的品质。

👍这副玉镯子是从曾祖辈留传下来的。

M

màn yán   màn yán
曼延、蔓延（"曼延"向前延伸，"蔓延"向四周延伸）

易错指数 ★★★★☆

👎病毒迅速在病人体内曼延开来。

"曼延"指连绵不断的线条状的向远处延伸。

"蔓延"像蔓草一样不断向周围扩展。上例中，病毒在病人体内扩散，是向四周扩展，而不是向远方延伸，故此应该改为"蔓延"。

👍这条笔直的公路曼延到远方，在更远处和天相接。

👍恐慌的气氛蔓延开来。

màn mà   màn mà
谩骂、漫骂（有没有准确的对象很重要）

易错指数 ★★★☆☆

👎经常有一位精神病人在这条街上谩骂。

"谩骂"表示针对具体的对象进行嘲笑挖苦、没有礼貌的辱骂。

"漫骂"指乱骂，没有具体对象，骂的内容不是针对一件事一个人，而是漫无目的地骂。上例中，精神病人由于其精神有问题，他的漫骂是无目的、无目标对象地漫骂。因此，要把"谩骂"改为"漫骂"。

👍即使遭到人们的谩骂和嘲弄，他也坚持自己的梦想。

👍她在公交车上发现自己手机被偷后，找不到小偷又没有证人，于是气愤地漫骂开来。

méng lóng　méng lóng　méng lóng　méng lóng
朦　胧 、曚　昽 、矇　眬 、蒙　眬（偏旁和词义紧密相连）

易错指数 ★★★★★

👎事情已经过去很久了,我的记忆也变得很矇眬了。

　　"朦胧"构成这个词的两个字都是"月"字旁,说明和月亮有关,形容月光不明。还可以形容不清楚、模糊。

　　"曚昽"构成这个词的两个字都是"日"字旁,说明跟太阳有关,形容日光不明。

　　"矇眬"构成这个词的两个字都是"目"字旁,说明跟眼睛有关,两眼半开半闭,眼睛看东西看不清,变得模糊。现在一般写成"蒙眬",很少用"矇眬"。上例中,记忆变得模糊了,应该用"朦胧"。

👍清凉的夏夜,伴着朦胧的月色,他在河边漫步。
👍清晨,曚昽的太阳光透过窗帘照进我的屋子。
👍小胖翻了个身,睁开蒙眬的双眼,从床上缓慢地坐起来。

mò rán　mò rán
漠然、默然（是该"默然"地帮助别人？还是"漠然"地离开现场？）

易错指数 ★★★☆☆

👎看着有人需要我们举手之劳的帮助,我们该不该默然以对?

　　"漠然"指不关心不在意的样子;"默然"指沉默无言的样子。上例中,意在表述该不该用一副漠不关心的态度冷漠无情地去对待需要我们帮助的对象。应改为"漠然"。

👍看着老人摔倒在地,周围群众漠然的态度让人心寒。
👍在得知已无缘欧洲杯冠军的那一刻,球场上的德国足球队队员都默然流泪了。

móu qǔ　　móu qǔ
谋取、牟取(我们要"谋取"幸福,但不能"牟取"幸福)

易错指数 ★★★★☆

👎"国家二号文件"的出台在于支持贵州发展,为贵州人民<u>牟取</u>福利。

"谋取"指一般的设法取得;

"牟取"指不择手段地猎取,多指为猎取个人利益,是一个贬义词,即采取不正当手段设法取得名利。上例中,国家出台政策,加快贵州又好又快发展,是为贵州人民谋福利,而非采取不正当的手段非法获得福利、好处。应改为"谋取"。

👍他一心为老百姓着想,总想着改变这贫穷落后的局面,为乡亲们<u>谋取</u>幸福。

👍民间出现的"蒜你狠"、"糖高宗"现象,是有人以蓄意炒作、哄抬物价为手段<u>牟取</u>暴利的结果。

👍马某伪造国家机关证件,为的是<u>牟取</u>暴利。

061

N

nǐ dìng　　nǐ dìng
拟定、拟订("拟定"、"拟订"看好再定)

易错指数 ★★★☆☆

👎他正在<u>拟定</u>一个学习计划。

"定"在此表示已经定下来,即一锤定音。"拟定"表示起草制定好了,就不容变更了。

"拟订"表示草拟。表示初步成型,但还没有定下来最终结果,强调行为动作而不是结果。上例中,"他正在"表示这个计划还没有完全定下来,还没有成型,只是强调这个行为动作本身,应该用"拟订"。

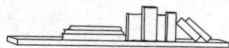

👍经过反复讨论修改,最终拟定的这个方案有很高的可行性。

👍在每次组织户外露营活动前我们都会先拟定一个详细的方案。

👍你先拟订一个开会报告,然后送给领导做指示批阅。

👍政府打算拟订一个关于城市发展的远景规划。

nián qīng　　nián qīng
年 轻 、年 青(他虽是"年青"小将,但看上去并不"年轻")

易错指数 ★★★★☆

👎冯小刚、张艺谋、陈凯歌这样的年青导演依然是中国电影的中坚力量。

"年轻"形容相对来说年纪不大,强调两者比较,年纪小的那一个。五十岁和八十岁想比,五十岁的就算年轻,但是他早过了二三十岁的年纪,已经不再年青。

"青"是很多农作物或水果在没有成熟之前的颜色,"年青"指人的年龄处于没有成熟正走向成熟的阶段,即二三十岁的年纪。上例中,每位导演都是五十而知天命的岁数,何谈年青啊?应改为"中年导演"或是"打扮年轻的中年导演"。

👍站在满头白发的老爷爷身边,陈凯歌导演还算年轻的,但和新生代导演陆川、管虎相比,他已然不再年轻。

👍他是党培养的年青干部中的佼佼者,将来必将是前途似锦。

👍钟楚红虽已年届五旬,早已不是年青人了,但保养得当,依然很显年轻。

P

piàn duàn　　piàn duàn
片 段 、片 断("片段"部分完整,"片断"不完整)

易错指数 ★★★★☆

👎随着生活节奏的加快,年轻人都偏爱片段式阅读,只挑选文章的关键话语进行阅读,而不在乎细枝末节。

"片段"指整体当中的比较可以独立出来的,具有一定完整性的段落(多指文章、小说、戏剧、生活、经历等)。

"片断"指零碎、不完整。上例中,特指读者进行零碎的、不完整的阅读,即年轻读者只喜欢看文章的关键部分,应该改为"片断"。

👍《非诚勿扰》节目中每位男嘉宾上场后,屏幕上都会播放男嘉宾的生活小片段。

👍今日片方曝光一段精彩片段,男主角盖·皮尔斯遭严刑逼供,但这位硬汉以幽默的口吻应对罪恶的铁拳。

piāo dàng　piāo dàng
飘 荡 、漂 荡(随风"飘荡",随波"漂荡")

(易错指数)★★★★☆

👎经不住一阵风吹过,花瓣惜别花枝在空中飘荡着,落到了水面上随波飘荡。

"飘"是"风"字旁,说明这个词和风有关,表示随风飘动。

"漂"是"氵"字旁,说明这个词与水有关,表示随波漂动。上例中,第一个"飘荡"是指花瓣在风中飘荡,使用正确。第二个"飘荡"是指花瓣随着水流的方向或者随着风吹起的波纹在水面上漂荡,应该用"漂荡"代替第二个"飘荡"。

👍微风吹过,几根发丝在风中飘荡着,轻抚着我的面庞。

👍那一片绿叶落在了水面上,随波漂荡,游向远方。

👍几百万"北漂"一族为了自己的梦想在北京飘荡(漂荡),不曾有一个固定居所。

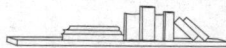

piāo fú　piāo fú

飘浮、漂浮（在风中"飘浮"，在水中"漂浮"）

易错指数 ★★★☆☆

👎泡泡机里吹出的五彩斑斓的泡泡在空中漂浮着。

　　"飘"是"风"字旁，说明这个词和风有关，表示随风摇动或飞扬。比喻工作、学习等不踏实、不深入，同"漂浮"。

　　"漂"是"氵"字旁，说明这个词与水有关，表示停留在液体表面不下沉。比喻工作、学习等不踏实，不深入，也作"飘浮"。上例中，泡泡在空中随风飞扬，与水无关，应该用"飘浮"。

👍蒲公英的花在风中飘浮着，在哪里落地哪里就是它的家。

👍装满酒精的瓶子轻轻摇晃后，便会看见酒精上漂浮一层泡沫。

👍有的学生对待学习总是知其然而不知其所以然，飘浮（漂浮）其中而没有刻苦钻研的精神。

Q

qí qiú　qǐ qiú　qǐ qiú

祈求、乞求、企求（"求"也有姿态）

易错指数 ★★★★☆

👎他虔诚地看着上苍，乞求着上帝赐予他快速记住英语单词的超能量。

　　"祈求"即恳切地希望或请求，一般是对上帝、老天爷进行祈求，"祈"在这里表示一种虔诚的态度。上例中，对上帝，应该用"祈求"，因为他的虔诚并非是低三下四、低眉顺眼。

　　"乞求"即请求给予，含有贬义，就像乞丐一样卑微地请求别人给予。

　　"企"的本义即踮着脚尖看，踮着脚尖，肯定是内心急切地想看清楚，"企求"表示急切地渴望获得。

👍农民祈求上天能够降雨来滋润干涸的大地。

👍除非你跪下乞求我的原谅，否则我是不会饶过你的。

👍我一生没有伟大抱负，只企求家人平平安安。

qǐ shì   qǐ shì
启示、启事（"启示"、"启事"你分得清吗?）

易错指数 ★★★☆☆

👎频频发生的校园安全事件启事我们必须在硬件设施上加大投资力度。

👎墙上的招领启示写道:今日中午在学校一食堂拾到高一下册语文书一本。

寻物启事

今天早晨我醒来，发现我的大海不见了。
如有见到者请与我联络。
联络地址：早晨路331号。
不胜感谢。

联络人：玫瑰

　　"启示"表示启发提示，使有所领悟。或者是通过启发提示领悟的道理。

　　"启事"指为了说明某事而登在报刊上或者贴在墙壁上的文字。上例中，应该把"招领启示"改为"招领启事"，即张贴在墙壁上的文字，用以说明招领信息。上例中，句中应该用动词"启示"，意在表达频发的校园安全事件使我们有所领悟。

👍台湾明星salina拍戏烧伤一事给我们深刻的启示，无论什么时候都要牢记安全第一。

👍父母为了寻找丢失的孩子，常会在路边张贴寻人启事。

qǐ yòng   qǐ yòng
启用、起用（"启用"还是"起用"因"人"而异）

易错指数 ★★★★☆

👎随着省长的走马上任，也必定会启用一大批年轻干部。

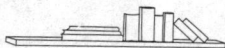

错词清道夫

"启用"指首次开始使用较大的物件,只能指物不能指人。

"起用"指重新使用或者是提拔任用已退职或免职的官员,对人不对物。上例中,对于干部的提拔任用只能用"起用",不能用"启用"。

👍花溪大学城建设顺利完工,各大高校教学区已启用。

👍这部戏准备起用久未在银幕露面的基努·李维斯担任男主角。

👍各级政府非常注重起用到基层工作过的年轻干部。

qiáng jiǎo　qiáng jiǎo
墙角、墙脚(可别站错了地方)

易错指数 ★★★☆☆

👇他已把我逼到了墙脚,让我无路可退。

"墙角"即两堵墙相接而形成的角(指角本身,也指它里外附近的地方),这个角或是直角或是钝角、锐角。

"墙角"与"墙脚"

"墙脚"即墙根,是指墙离地最近的部分。比喻基础。上例中,应该改为"墙角"。

👍他把废弃的东西都堆放在客厅墙角。

👍凯尔特人为了留住雷·阿伦,乐意为这名老射手开出1200万美元的合同,以防止热火从中挖墙脚。

qiǎo rán　qiǎo rán
悄然、愀然(忧愁谓之"悄然",严肃谓之"愀然")

易错指数 ★★★☆☆

👇发现被狗仔队偷拍后,周杰伦表情悄然地坐上车关上车窗,其间不发一语。

"悄然"形容忧愁的样子,另外也可以形容寂静无声。

"愀然"形容神色严肃或不愉快。上例中,周董发现被狗仔队偷拍自己的私生活,反抗总是激烈的,绝不会露出一副哀怨忧愁的表情,他的表情总是酷酷的。"愀然"更加适合形容周董的表情。

👍林黛玉总爱站在窗边悄然落泪。

👍一夜春雨后,樱花悄然绽放在枝头。

👍维多利亚·贝克汉姆总是以一副愀然的表情迎接媒体的拍照。

《红楼梦》中的林黛玉

qíng yì　qíng yì　qíng yì
情谊、情义、情意(三种情感你具备了吗?)

易错指数 ★★★★★

👎说分手就分手,看来他俩情谊已绝。

"谊"表示人与人相互交往接触之后产生的相互友好的感情,"情谊"必须建立在人与人之间成了朋友、建立了友谊的基础上,才能有"情谊"。

"情"表示人的情感,"义"表示正义的、合情合理的、公正的道理。"情义"就指无需通过交往,在亲属、同志、朋友之间本来就应该有的一种基本的感情,如道义、信义、正义等。

"情意"通常指男女之间两情相悦的感情。上例中,两人分手,肯定是先有恋爱再又分手,恋爱的时候是情意绵绵,分手之后就应该是情意已绝。

👍在求学期间,同窗友人之间的情谊是最为深厚的。

👍他是一个重情义的人,唐山地震中他被好心人救出,现在他又去汶川灾区参与救援。

👍看着那情意绵绵的文字,她顿时脸红起来。

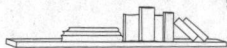

quán lì　quán lì
权利、权力（每个公民都有"权利"，但不一定都有"权力"）

易错指数 ★★★★☆

👎每一个学龄儿童都有受教育的权力。

　　"权利"指公民或法人依法行使的权力和享受的利益（跟"义务"相对）；"权力"指政治上的强制力量，如国家权力、行政权力；职责范围内的支配力量，如局长的权力。上例中，表述的是每一个学龄儿童都有接受教育的权力并且依法享有教育给自身带来的利益，应改为"权利"。

👍每个公民都有应尽的义务和应享有的权利。
👍全国人民代表大会是我国的最高权力机关。
👍你没有权力辞退我。

R

róng huà　róng huà　róng huà
融化、溶化、熔化（三种"化"你能分清吗？）

易错指数 ★★★★★

👎冰糖放在热开水中就会融化。
👎夏天，巧克力放在贴身的口袋中就会溶化。

　　"融化"指除金属以外的物质在无需加热的情况下，在常温下变成了液体，如冰、雪、蜡烛融化。还可以比喻心融化掉了。

　　"溶化"指固体、液体或气体溶于液体中。还可以比喻一种抽象的东西溶化进入另一种东西中。上例中，由于巧克力放在贴身的口袋中，身体温度和夏季天气温度不断给巧克力加热，使其受热溶化，但不论是身体温度抑或是天气温度，都是一般条件是的自然温，应改为"融化"；冰糖放在热水中，就均匀地溶化成了糖水，应该改用"溶化"，冰糖不是冰做的,只是像冰一样透明的固体糖。

"熔化"指金属加热后变成液体,不是固体溶在另一种液体里,而是固体本身变成了液体。如铁加热至1530℃以上就熔化成铁水。

👍冰川融化速度加快海平面上升,到了2100年,全球海平面将上升50～140厘米。

👍用80℃的热开水冲泡咖啡方能快速溶化。

👍我们可以回收废旧钢铁,经过特殊工艺熔化后再重新炼钢铁。

S

shā yǎn　shā yǎn
沙眼、砂眼(人得了"沙眼"不健康,飞机得了"砂眼"不安全)

(易错指数)★★★★☆

👎医学上的砂眼是指一种常见的感染性眼病。

"沙眼"指眼睛的慢性传染病,病原体是沙眼衣原体,症状是结膜上形成灰白色颗粒,逐渐形成瘢痕,刺激角膜,使角膜发生溃疡。

"砂眼"指铸造过程中,气体或杂质在铸件内部或表面形成的小孔,是铸件的一种缺陷。上例中,第一个"砂眼"应该改为"沙眼",只有沙眼才是医学上的一种常见的感染性眼病,而"砂眼"是铸造的物件上出现的极细小的小孔,和疾病无关。

👍爱美的妹妹平日总爱在眼部浓妆艳抹,这可能会引起沙眼这样的眼部疾病。

👍酒瓶的瓶盖完好,但酒却不翼而飞,原是瓷瓶砂眼导致酒漏空。

👍张先生仔细检查液化气罐发现,在罐身焊接处,有一个几乎看不到的砂眼。正是这个砂眼导致液化气泄露,差点要了一家人的性命。

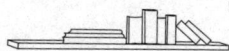

shān dòng   shān dòng

煽动、扇动（有"火"没"火"大不同）

易错指数 ★★★☆☆

👎蝴蝶煽动着翅膀在花丛中飞来飞去。

"煽动"指鼓动（别人去做坏事）；"扇动"指摇动（像扇子的东西）。上例中，表示摇动这一行为动作，扇动扇子、扇动耳朵、扇动翅膀，只能用"扇动"。

👍《中华人民共和国刑法》规定：煽动民族仇恨、民族歧视，情节严重的，处三年以下有期徒刑。

👍小胖煽动全班同学集体旷课。

👍美国最新研发的鸟形无人飞机靠扇动"翅膀"飞行。

👍小河马学着妈妈的样子，快速地扇动着耳朵，可爱的样子萌翻了很多游客。

shěn chá   shěn chá

审查、审察（"审查"，"审察"差异大）

易错指数 ★★★★★

👎想要加入中国共产党，必须经过党组织长期审察。

"审查"指检查核对是否正确、妥当（多指计划、提案、著作、个人的资历等），通常有一定的标准和规范，按照这套标准和规范去审查，看是否符合。

"审察"指仔细观察。上例中，入党是有条件的，不是随随便便想入就能入的，必须经过党组织长时间认真仔细地审核才能入党，应该把"审察"改为"审查"。

👍根据陈忠实的长篇小说《白鹿原》改编的电影终于通过了广电总局的审查，将于9月上映。

👍一期工程可行性研究方案通过审查。

👍公安机关在反复审察监控录像之后，终于发现了犯罪嫌疑人的踪迹。

shěn dìng　shěn dìng
审 定 、审 订（先"审订"再"审定"）

易错指数 ★★★★☆

👎经过反复审定，《错词清道夫》一书最终决定于 11 月出版。

"审定"即审阅后做出决定，确定下来；"审订"即审阅后进行修订，还不是最后决定，还没有定下来。上例中，经过反复的过程，就说明了还没有定下来，如果是已经定下来了，就无需反复多次，应该把"审定"改为"审订"。

👍严禁未经市级教育部门审定的各类教辅资料进入学校。

👍出版物必须经严格审订后才可出版发行。

👍诚邀华梅教授参与修订版《辞源》的审订工作，负责审订原有的服饰词条 780 条。

shèng dì　shèng dì
圣 地 、胜 地（五台山是佛教的"圣地"，也是旅游的"胜地"）

易错指数 ★★★★☆

👎韩国济州岛是有名的旅游圣地。

"圣地"是宗教教徒称与其教主生平事迹有重大关系的地方，如道教徒称武当山为圣地，佛教徒称五台山为圣地。也指具有重大历史意义和作用的地方。

"胜地"指有名的风景优美的地方。上例中，"旅游胜地"一定不能说成"旅游圣地"，因为济州岛旅游开发与宗教没有半点联系，也无重大历史意义，它仅是风景优美、气候宜人、设施健全的旅游胜地。

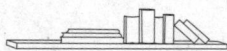

👍四川峨眉山是中国有名的佛教圣地。

👍全体党员将前往革命圣地息烽学习。

👍爽爽的贵阳绝对是避暑胜地的不二选择。

shī fu　shī fu
师傅、师父（出家人只能称"师父"，不能称"师傅"）

易错指数 ★★★★☆

👎八戒对唐僧说："师傅，前面有妖怪。"

"师傅"指工、商、戏剧等行业中传授技艺的人，是对有技艺的人的尊称，并不特指长辈或年纪比自己大的人。

"父"表示长辈，"师父"强调受人尊敬的长辈，多用于徒弟叫"师父"。另外，还表示对和尚、尼姑、道士的尊称。上例中，我们知道唐僧是和尚，对和尚的尊称应该是"师父"。

👍特级厨师刘师傅说很多餐饮老板偷偷使用地沟油，一般人吃了都会拉肚子。

👍一辆直行的黑色轿车与一辆正欲转弯的三轮车相撞，三轮车师傅受伤。

👍他从小便跟着师父习武。

shī yán　shí yán
失言、食言（偶有"失言"可原谅，"食言"不可原谅）

易错指数 ★★★★★

👎失主悬赏5000元寻找丢失的皮包，好心人找到失主还包时，失主却失言不付酬金。

"失言"表示无意中说出不该说的话；"食言"表示不履行诺言，失信于人，即答应别人的事没做，失去信用。失主承诺谁帮他找到丢失的皮包,就以现金5000元当面酬谢,面对自己许下的承诺和找回的皮包,他却失信于人,不肯兑现承诺。例句中应改用"食言"。

👍郑融一时口快,拿曹格爱喝酒的事开玩笑,自知失言的她,赶紧气急败坏地澄清。

👍申花投资人朱骏激动地说:"我没有食言!我把迪迪尔带到了申花。"

shí zú　shí zú
实足、十足("实足"有两万人前来观赏这春意"十足"的景色)

(易错指数)★★★☆☆

👎小胖在减肥前,十足有200公斤。

👎西湖畔花红柳绿,春意实足。

"实足"表示确实足数的,侧重于指数量上满满当当的,没有虚数。

"十足"表示成色非常纯正,也表示十分充足。上例中,小胖的体重在数量上是满满当当地有200公斤,是足数的,应该用"实足",不应该用"十足"。

👍实足的黄金是较软、易断裂的。

👍每天上学,他来回一趟实足要走10里路。

👍他在旁人眼里是个十足的混蛋。

shōu jí　sōu jí
收集、搜集(把"搜集"来的情报全部"收集"到一块)

(易错指数)★★★★☆

👎美国中央情报局是一个专门在世界各地收集情报为美国政府服务的组织。

"收"表示把东西收拢;"集"表示集中。"收集"就表示使聚集在一起。

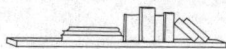

"搜"表示搜索,寻找;"搜集"即到处寻找并把寻找的结果聚集在一起。侧重于是通过寻找这一动作过程,而使其聚集。上例中,情报都是要靠专业人士有目的地寻找、查看才能得到,而不是简单的聚集在一起。应该改用"搜集"。

👍她收集玩具的执著影响了家人朋友,经过两三年的时间,她和哥哥一起将收集的玩具挂上了网络。

👍每个居民小区都设有垃圾收集站。

👍凤凰山发现疑似 UFO 的消息被披露后,陈功富教授与 UFO 临时考察组成员侯金桥迅速前往事发地搜集证据。

shú xī   shú xí
熟悉、熟习("熟悉"和"熟习"的对象不一样)

易错指数 ★★★★☆

👎我最熟习的人是与我朝夕相处的妈妈。

"熟悉"指通过视觉、知觉、听觉,或自己的经历抑或是别人的经历了解知道得清楚,可以是对人熟悉,也可以是对事物熟悉。

"熟习"指通过学习的途径了解知道,通常是指对某种技术或学问学习得很熟练或了解得很深刻,侧重点在对知识、业务、技能的掌握。上例中,我对妈妈的了解,应该用"熟悉",这不需要靠书本知识的学习便可以了解。

👍伦敦奥运会开幕在即,一些熟悉的奥运身影却已远去。

👍他已经在这个岗位上工作十年了,很熟习业务。

👍神九航天员经过千百次的练习,已经熟习了载人飞船和天宫号的手控交会对接技术。

shuǐ lì   shuǐ lì

水利、水力("水利"工程需利用"水力"资源)

(易错指数) ★ ★ ★ ☆ ☆

👉 水利发电是再生能源,对环境冲击较小。

　　"水利"表示利用水力资源和防止水灾的事业。指水利工程,即利用水力资源和防止水的灾害的工程,包括防洪、排洪、蓄洪、灌溉、航运和其他水力利用工程。

　　"水力"表示海洋、河流、湖泊的水流所产生的做功能力,是自然能源之一,可以用来做发电和转动机器的动力。上例中,是将河流、

三峡水利工程

075

湖泊或海洋等水体所蕴藏的水能转变为电能的发电方式。应该改用"水力"。

👍 中华人民共和国水利部成立于 1949 年 10 月,是我国最早的政府部门之一。

👍 我国正大兴水利,让水力这样一种自然资源为百姓造福。

👍 我国西南地区河流众多,地势落差大,水力资源丰富。

shuō hé   shuō hé

说和、说合(我给他们"说合"到一块,如果闹矛盾,我负责"说和")

(易错指数) ★ ★ ★ ★ ★

👉 陈凯歌导演的《搜索》把大陆演员高圆圆和台湾演员赵又廷说和到了一块。

　　"说和"表示调解双方的争执、劝说使事情得以和解,关系变得和睦、和谐。

　　"说合"指从中介绍,促成别人的事;把不在一块的说到一块儿去,

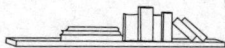

凑合在一起,商议、商量。上例中,"说和"表示有矛盾、起争执了,然后调解矛盾,调和关系,说和双方,而两位演员原本不认识,因戏结缘走在一起,电影促成了两人的爱情,应该用"说合"。

👍刚结婚的小夫妻总是有些小矛盾,要靠亲戚朋友帮忙说和说和。

👍他那三寸不烂之舌硬是可以把风马牛不相及的两件事说合成一件事。

👍全班同学正说合着周末去哪里春游呢。

T

tàn xún   tàn xún
探寻、探询("探询"地址为了"探寻"宝藏)

易错指数 ★★★☆☆

👎我们学校组织了"探询雷锋同志足迹"的主题活动。

"探寻"表示探求、寻找;"探询"表示探问,即试探着询问(消息、情况、意图等)。上例中,我们是要沿着雷锋同志做好人办好事的精神足迹一直走下去,弘扬雷锋精神,而不是去询问雷锋同志的精神足迹,"探询"应改为"探寻"。

👍追溯历史,让我们共同来穿越时光,探寻运动装的时尚变迁吧。

👍他四处探寻孩子的下落。

👍他四处探询孩子的消息。

tí míng   tí míng
提名、题名("题名"为《辛亥革命》的电影获得了电影节"提名")

易错指数 ★★★★☆

👉十二年苦读，十二年付出，十二年寒窗无数，老师衷心祝愿所有考生金榜提名。

电影《辛亥革命》

　　"提名"表示在评选或选举前提出有当选可能的人或事物名称。

　　"题名"除了表示标题的名称，还表示为了留念或表示表扬对方而写上对方的名字。上例中，考生参加高考，不是参加选举，通过考试以分数的高低来决定是否被大学录取，不存在可能当选的说法，"提名"应该改为"题名"，表示表扬或激励对方而写上名字。

👍小品《县长下乡》获得中国曲艺最高奖牡丹奖的提名。

👍村里的"新光大道"想请毕福剑题名。

👍《人民日报》发表了题名为《加强社会主义新农村建设》的文章。

tǐ xíng　tǐ xíng
体 形、体 型（"体形"可指物体，"体型"只适用于人类）

易错指数 ★★★★☆

👎"麻秆"是动物园里体型最大的非洲象，高3.6米左右，重6吨。

　　"体形"指事物整体的形状，指机器等的形状。

　　"体型"通常指人的各个部分按照一定比例而形成的人体的类型，如人有瘦长型、矮胖型、均匀型。上例中，"体型"只能形容人，大象不是人，所以不能用"体型"，应该改为"体形"。

👍这位脸形像奥尼尔、体形像加内特、打法像马布里的外援，在NBL球员数据榜上排第三位。

👍这部机器体形庞大且不规则，在运输过程中让我们大费周折。

👍作为世界顶级超模，米兰达·可儿的体型修长且匀称。

错词清道夫

tuī tuō　　tuī tuō

推脱、推托（"推托"不去上班，工作上要是出了问题，可"推脱"不了责任）

易错指数 ★★★★☆

面对这段传闻，双方经纪人均以"明星的私事"为由推脱采访。

"脱"的本义是说肉去皮去骨，使肉和皮、骨分离。引申表示脱离。"推脱"即人和责任相脱离，不承担责任。

"推托"表示找理由拒绝。上例中，面对明星传绯闻，明星的经纪团队以绯闻涉及明星的私人生活为理由拒绝记者的采访，而不是推卸责任，应该改为"推托"。

游客入住酒店第一晚被酒店玻璃划伤手，酒店推脱赔偿责任。

他借故走开，推托媒体的追问。

杨丽萍为了专注于自己的舞蹈事业，推托掉很多商业代言活动。

tuì huà　　tuì huà

退化、蜕化（做人不要"退化"，也不要"蜕化"）

易错指数 ★★★★☆

他从一个不缺"头衔"、不少"名利"，看起来颇有"身价"的正厅级官员，退化堕落成今日的阶下之囚。

退化指人或动物在不断向前发展的过程中，某些器官变小，构造变简单，功能减退甚至消失。泛指事物由优变劣，有好变坏。

"蜕"左边是"虫"旁，说明这个字跟虫有关，"兑"表换取。"蜕化"，我们可以理解为虫类脱掉它们的旧皮衣换上新皮衣的过程。"蜕化"也比喻腐化堕落、彻底变质，意义同"退化"相当，但是程度要深得多。上例中，正厅级干部变为阶下囚，从一个为人民服务的官员彻底变质成为腐败堕落的人民公敌，应该用"蜕化"更为恰当。

👍济南兄妹隐居深山20年,哥哥失语,妹妹双手退化如鸟爪。

👍极少数蜕化变质的党员干部辜负了党组织和人民的信任。

wěi qu　　wěi qū
委屈、委曲("委曲求全"不"委屈")

易错指数 ★★★★★

👎他疼惜地说:"我的太太蛮辛苦的,她有很多很多的委曲。"

"屈"有冤枉之义,"委屈"即受到不应有的指责和待遇,心里难过。可以做形容词和动词。屈原就是由于一片赤诚丹心受到了权贵势力的冤枉诬陷,得不到楚怀王重用投江而死的。

"曲"表示弯曲,曲折不直,可以抽象理解为事物的发展路线是弯弯曲曲的,曲折发展的过程。"委曲"可形容实物,如河流、曲调、道路的弯曲曲折,也可作名词表示事情的来龙去脉、发展过程。"委曲求全"不是"委屈求全"。上例中,替妻子打抱不平,认为妻子被冤枉,受了不应有的待遇和指责,应该用"委屈"。

👍这件事委屈你了。

👍听她弹奏委曲婉转的曲子,内心顿时平静下来。

👍个中委曲,请听我慢慢道来。

wū miè　　wū miè
污蔑、诬蔑("污蔑"、"诬蔑"要慎用)

易错指数 ★★★★☆

👎网络的黄色暴力事件严重诬蔑了青少年纯洁的心灵。

"污"指"浑浊的受污染的脏水",泛指脏东西。"污蔑"除表示诬蔑

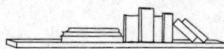

以外,还表示玷污,即脏东西把原本干净的东西弄脏,比喻使人的名誉、名声有污点,遭到损害。

　　"诬"指语言行为上的胡编乱造,"诬蔑"即用言语捏造事实。上例中,黄色暴力信息玷污了青少年纯洁的心灵,应该用"污蔑"。

👍莫让这片净土被金钱的铜臭气息污蔑。

👍你这样无中生有,简直就是诬蔑(污蔑)我。

✳ X ✳

xiáng fú　　xiáng fú
　降 服、降 伏("降服"是屈服于别人,"降伏"是使别人屈服)

易错指数 ★★★★☆

✍印度有句俗语说"降服女人靠嘴巴"。的确,甜言蜜语是打动女人心的最好方法。

　　"服"指受外力而服从、屈服于别人,"降"表示向对方投降。"降服"即受到外力压制而向对方投降屈服,放弃斗争。

　　"伏"即狗匍匐着趴在地上,显得很顺从的样子。"降伏"表示制服,使对方屈服、驯服。上例中,印度俗语说得好,一张巧嘴就是男人驯服女人的武器,使女人屈服、顺从。应该用"降伏"。

👍男人若有一张巧嘴,女人就会降服于这个男人。

👍罪犯放下武器,举起双手,终于降服了。

👍警察降伏了劫持人质的罪犯。

^{xiè lòu　xiè lòu}
泄漏、泄露（别"泄露"了煤气"泄漏"的秘密）

（易错指数）★★★★★

👎10吨甲醇液体泄露，消防官兵紧急抢险。

👎江苏镇江一工厂发生了少量二氧化硫泄露，周围的居民已经感到身体不适。

　　"泄漏"是指液体、气体从孔或者缝里滴下来、透出来；"泄露"主要是针对信息而言，把不应该让别人知道的信息告诉别人。上两例中，针对液体甲醇和气体二氧化硫，应该用"泄漏"。

👍该场大火是因液化气罐泄漏遇明火引起。

👍网友及市民对"垃圾袋实名制"的质疑，主要来自垃圾袋实名制会不会泄露个人隐私等。

👍美国政府发布报告称，联邦调查局和市场监管机构担心敏感经济数据可能遭泄露。

081

^{xīn suān　xīn suān}
心酸、辛酸（"心酸"和"辛酸"味儿不同）

（易错指数）★★★★☆

👎《画皮2》创票房神话，赵薇诉幕后心酸历程。

　　心里甜甜的味道是幸福的味道，心里酸酸的味道可就不好受了，"心酸"即形容人的内心充满痛苦悲伤。

　　"辛"是酸、甜、苦、辣这人间四味中的辣味，"辛酸"即指酸辣味，某品牌酸辣牛肉面是大众喜欢吃的，但在很久以前，酸味和辣味同时入口可是非常刺激味蕾，并且不是什么好味道，因此，"辛酸"即比喻痛苦悲伤。上例中，演员赵薇在电影《画皮2》中扮演一个半人半妖的角色，拍摄条件艰苦，化装辛苦，演戏也很辛苦，并非是赵薇内心痛苦悲伤，应改为"辛酸"。

错词清道夫

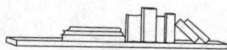

👍看着小香莲吃得津津有味,陈惠娟和护士们都不免落下心酸的眼泪。

👍退役冠军们的惨淡人生,让人心酸。

👍多亮小情歌唱出了北漂一族生活的辛酸。

xíng jì　xíng jì
行迹、形迹(他虽不露"形迹",但警察还是发现了他的可疑"行迹")

易错指数 ★★★☆☆

👎大家搜遍整个歌乐山,也没有发现悍匪周克华的形迹。

"行"即指人或动物的活动、行为,"行迹"即由于人或动物的行走、活动行为而留下的踪迹。

"形"可以指人的脸形,"形迹"表示面部表情和精神状态的细微变化。另特指仪容礼貌。上例中,大家搜遍歌乐山,目的是为了发现周克华的身影,或是寻找其活动留下的蛛丝马迹,并非是为了发现其面部表情。应将"形迹"改为"行迹"。

👍警察从监控画面中看到一个行迹可疑的男子。

👍警察在盘问这名男子的过程中发现了他神色紧张的可疑形迹。

xù yǎng　chù yǎng
蓄养、畜养("蓄养"、"畜养"你分清楚了吗?)

易错指数 ★★★☆☆

👎园中花木扶疏,引水入池,蓄养五色鱼以供观赏怡情。

👎他在龙溪的养殖场被大水淹没,场内蓄养的鱼苗几乎一尾不剩。

"蓄"表示储存、积蓄,"养"表示培养,"蓄养"即积蓄培养。

"畜"表示牲畜,"养"表示饲养,"畜养"即饲养动物。上例中,应该是饲养五彩鱼,养殖鱼苗,而不是积蓄培养五彩鱼,应该用"畜养"而非

"蓄养"。

👍人在睡眠中蓄养胆气,不睡觉就会消耗胆气,严重者出现"抑郁症"做事也会缺乏胆量。

👍什么样的环境蓄养什么样的心灵,发育中的种子,环境至关重要,孩子也一样。

👍马厩中畜养猴子为什么可以防止疫病?

学力、学历("学力"、"学历"别用错)

易错指数 ★★★★★

👎他虽然只是中学毕业,但是这些年来一直在看书学习,看了很多大学专业书,学问一点也不低于大学生,他已经具备了大学学历。

"学力"指在学问上实际达到的水平;"学历"指学习的经历,指曾经在哪些学校毕业或肄业。上例中,他虽是中学毕业,具备的是初中学历,但是他自学成才,学问已经达到了大学的水平,应该用"学力"。他是大学学力,可是却是中学学历。

👍1954年暑假,李敖19岁,他以同等学力的资格考进了台湾大学法律系司法组。

👍新来的7名年轻干部中,有3人是本科学历,4人是硕士研究生学历。

殉情、徇情("殉情"因爱,"徇情"因私)

易错指数 ★★★★☆

👎今年3月,刘江涛向女方提亲遭到拒绝后,竟产生杀死女友再自杀徇情的想法。

"殉"左边原本是"歺(è)","歺"从古代发展到现在变成了"歹",表

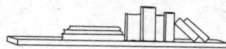

示"剔除肉,剩下骨头",常与"死亡"有关。"殉情"即因恋爱受挫且只能是因为恋爱受挫,感到绝望而自杀。

"徇情"表示为了私人的交情而做不合法的事,私人的交情也可以是友情、爱情、亲情,即为了自己在和别人的交往中建立起来的感情而做不合法的事情都叫徇情,它不以自杀为目的,如徇情枉法、徇私舞弊。上例中,因为男女双方在恋爱关系上,一方在这段感情中受到挫折而要以自杀的方式结束恋爱,应该用"殉情"。

"殉"的古字

👍因与男友发生矛盾,22岁少女将"毒鼠强"拌入粥中,准备服毒自杀,以死殉情。

👍法官是正义的维护者,绝不能够徇情枉法。

👍对于徇情枉法的领导干部,必须要求引咎辞职。

084

Y

yān mò　　yān mò
淹没、湮没("淹没"与水有关,"湮没"与水无关)

(易错指数) ★★★★☆

👎由于突降大暴雨,北京市区多条下凹式立交桥被大雨湮没。

两个词都表示被某种东西盖过,使人们看不见,但"淹没"表示被水或像水一样的液体漫过、盖过,被大水淹没的必须是具体实物。

"湮没"指被火山灰、泥土等非水流埋没,也引申比喻为不被人所了解知道。如:她的笑声湮没在喧嚣的人潮中。上例中,立交桥被雨水淹没,而不是被土沙湮没,应该用"淹没"。

👍突如其来的泥石流淹没了村庄一角。

👍熟悉他的人都说,他其实是一位差点被时间湮没的作家。

yī dá　yī dá
一打、一沓("12"是"一打"和"一沓"的分界线)

易错指数 ★★★☆☆

👎一沓啤酒有十二瓶。

　　"一打"表示 12 个构成一组,一个都不能少,一个也不能多。

　　"一沓"表示薄的东西重叠起来,如纸张、钱纸等,没有固定数量,但总体不厚。上例中,啤酒瓶是圆柱状瓶子,不是薄的像纸张一样的东西,12 瓶啤酒一起,应该用"一打"。

👍服务员手里拿着一打毛巾。

👍这一沓人民币,可是夫妻二人共同攒了十年的成果。

yí róng　yí róng
仪容、遗容(该用"仪容"时,切勿诅咒别人是"遗容")

易错指数 ★★★☆☆

👎他被黑熊袭击之前的遗容很俊秀,现在虽已毁容,但他依然能笑对人生。

👎为"最美司机"吴斌师傅整理仪容的是杭州市殡仪馆最好的化妆师。

　　"仪"本义指人的外表,包括人的面容、体型、气质等一切能显露于外的部分,"容"指人的长相,两个字意思相通。"仪容"即人的容貌、姿态、风度等。

　　"遗"的本义是遗失,"遗容"不是指遗失的容貌,而是指遗失了生命的人的容貌,即人死后的容貌。上例中,被黑熊袭击,面部毁容后已经不复当年俊秀的脸庞,这里应该是指过去的外表相貌很俊秀,用"仪容";殡仪馆的化妆师是专门给死去的人化妆打扮的,应该用"遗容"。

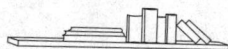

错词清道夫

👍仪容能给人造成直接而敏感的第一印象,美好的仪容总能令人敬慕和青睐。

👍惠特尼·休斯顿葬礼如期举行,其前夫未获准在追思会上瞻仰遗容。

yǐ zhì　yǐ zhì
以至、以致(“以至”、“以致”的结果不同)

易错指数 ★★★★★

👉通常情况下,拟上市公司为增强独立性,会承诺逐步削减以致消除关联方交易。

"至"有甚至、直至之义,"以至"就表示在时间、数量、程度、范围上的延伸。"以至"也可以连接原因和结果,结果并不一定是坏的。

"以致"连接原因和结果,并且表明是原因直接导致的不好的结果。"以致"即导致(不好的结果)。上例中,从逐步削减到完全消除,是范围、程度上的扩展延伸,应该用"以至"。

👍美国过度宽松的经济政策,可能给美国以至全球造成负面影响。

👍当地发生60年不遇的特大暴雨灾害天气以致37人死亡。

yì yì　yì yì
奕奕、熠熠(可别乱点鸳鸯谱)

易错指数 ★★★★★

👉2012年新款奥迪车在车身设计上融入更多时尚元素,看上去更加光彩奕奕。

"奕"下面是"大"字,本义即大。"大"往往和"多"有联系,"多"会给人以饱满的感觉,"奕奕"即特指人精神饱满的样子。如神采奕奕,形容人脸色红润有光彩,精神饱满,很神气。

"熠"左边是"火"旁,火是有光亮的,"熠熠"即形容像火光一样闪光发亮。如光彩熠熠,形容物品的颜色和色泽亮丽。上例中,奥迪车身的新颖独特设计使车更光彩更夺人眼球,而不是说奥迪车精神饱满的样子,应该用"熠熠"。

👍景海鹏、刘洋、刘旺三名航天员出舱后,表情轻松,神采奕奕。

👍电影奖颁奖典礼昨晚在中山堂举办,现场星光熠熠。

👍女王的钻石闪烁着熠熠光芒,真是夺人眼球。

yǐn huì　　yǐn huì
隐晦、隐讳("隐晦"说得模糊,"隐讳"干脆不说)

易错指数 ★★★★☆

👎网友纷纷质疑这次公布的信息太隐讳。

"晦"左边是"日"旁,原义指每月的最后一天,引申表示每天的最后一段时光,即表示黑暗的夜晚;"隐"表示隐隐约约,即暗夜中看周围的一切都是隐约可见但又模糊不清的,"隐晦"形容言语意思表达不明确,含糊不清。

"讳"左边是"言"旁,表示和说话有关,"隐"表示隐藏不露,"隐讳"是动词,隐瞒不说的意思。上例中,既然是公布了信息,就不存在隐瞒不说,"公布"就是"说出来,告诉别人,让人知道",网友们质疑的是公布的信息模糊不清。

👍他极其隐晦地说:"我在借繁忙的工作逃避无奈的现实……"

👍马伊琍毫无隐讳地表示,十年前自己说话很犀利,不给人留后路,很容易得罪别人。

yíng lì　　yíng lì
赢利、营利(是"赢利"还是亏损,要"营利"了才知道)

易错指数 ★★★★★

👎放暑假后学校附近的文具品店营利下降。

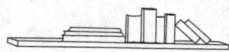

"赢"有获利之义,"赢利"作名词表利润,作动词表获得利润,与亏损相对。

"营"有谋求之义,"营利"即谋求利润。我们平时还会听说有非营利性组织,即不以谋取利润为目的的组织。上例中,"营利下降"解释为谋求利润下降,显然解释不通,店主做生意就是靠利润为生,怎么会谋求利润下降呢? 这里应该用"赢利"作名词,表示放假后学校附近文具品店门庭冷落,利润降低了。

👍学校附近做卤菜生意赢利丰厚。

👍巴塞罗那俱乐部结束了连续两年的亏损局面,今年创历史纪录赢利4880 万欧元。

👍中国红十字会是非营利性组织。

yōu yōu　yōu yōu
悠悠、幽幽("悠悠"、"幽幽"差别大)

(易错指数)★★★★★

👎徒步青城山的幽幽古道之上,与林木青翠的美景交融。

"悠悠",表示时间上的长久和遥远;行为举止上的从容不迫;言论上的荒谬,如悠悠之谈、悠悠之论。

"幽"字是由"山"把它包围着的,"山"中间有两个"幺"字,"幺"表示小的意思,我们常听说的"幺妹",即是小妹妹的意思。大山之中细小的事物是很隐蔽的,不易被人发现。"幽幽"即表示有声音,但声音细小到听不见;有光线,但光线细小到看不明,特指声音、光线微弱。另指深远。上例中,提到了"古道",应该用表示时间久远的"悠悠"。

👍念天地之悠悠,独怆然而涕下。

👍悠悠三千年,三江大地的烟雨孕育了风味醇美的宜宾茶。

👍游客们可以尽情到杨梅基地感受浓浓乡村味,体验悠悠田园风情。

👍菲律宾总统发表悠悠之论,竟称黄岩岛是其后院。

👍远处有一丝幽幽亮光。

yuán xíng   yuán xíng
原 型 、原 形（"原型"是不能被打回的,只能打回"原形"）

易错指数 ★ ★ ★ ☆ ☆

👎杨某自以为聪明,妄图蒙混过关,逃避法律责任,最终在监控录像中现出原型。

　　"型"下面是"土"字底,表示依照实物按一定比例用泥土做出来的模子,"型"的本义即泥土做成的模子。"原型"即原来的类型或模样,特指现实生活中的人物形象是电影、电视剧或小说中的人物形象的原型。

　　"形"即形状,如长方形、三角形、正方形,"原形"即原本的形状、本来的真实面目。上例中,杨某以正人君子的形象试图隐藏自己的犯罪行为,最终还是"天网恢恢,疏而不漏",被监控录像记录下来,现出自己丑恶的真实面目,应该把"原型"改为"原形"。

089

👍意大利考古学家在意大利佛罗伦萨市的一座修道院中找到了达·芬奇名画《蒙娜丽莎》人物原型丽莎·吉尔康达的遗骨。
👍《翡翠凤凰》或将以"翡翠大王"寸尊福为原型拍摄续集。
👍白素贞喝了雄黄酒后现出原形。

Z

zhā zǐ   zhā zǐ
渣滓、渣子（煤炭"渣滓"和煤炭"渣子"可有天壤之别）

易错指数 ★ ★ ★ ☆ ☆

👎好好的一包饼干,却被他摔成了一包渣滓碎屑。

　　煤炭渣滓:指煤炭燃烧之后,从黑色变成白色炭灰状后不能继续使

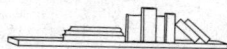

用的部分;煤炭渣滓:除了指可以表示燃烧后的无用的炭渣滓,还可以表示没有使用过的煤炭碎屑。

"渣滓"表示物品提取出精华部分后剩下的东西,可以抽象地表示人提取出精华的部分后,剩下的就是品质低劣的不好的部分,因此"渣滓"也形容坏人。

"渣子"有渣滓义,还可表示碎屑。上例中,表示碎屑时,只能用"渣子"。

👍甘蔗渣滓(渣子)可以用来制成纸张用品。

👍如果不听父母老师的规劝,终将沦为社会的渣滓。

👍饼干还没来得及吃就被我压成了一包渣子。

zhàng shì   zhàng shì

仗 势 、仗 恃("仗势"与"仗恃"的区别在于是否做坏事)

易错指数 ★★★★☆

👎他仗势着坚定的信仰和意志,超人的胆识和智慧,在险象环生的严酷环境中出奇制胜。

"势"表示势力,即在政治、经济、军事等方面的力量。"仗势"即倚仗这些力量去做坏事,如仗势欺人。"恃"和"仗"同义,都表示倚仗、依靠。"仗恃"即依靠、倚仗某种权利、力量或是某人,仅表示"依靠"这个动作本身,并不强调是否做坏事。上例中,他并没有做坏事,而是凭借个人的能力在严酷环境中生存下来。因而,此处不应用"仗势",而应改为"仗恃"。

👍极个别城管仗势着自己手里那点权力,欺压百姓,毫无职业道德可言。

👍周大新在书中写道:在我想到自己死亡的时候,心里是有仗恃的,总觉得我有儿子,到我死时,儿子会替我料理一切。

zhēn chá　　zhēn chá

侦查、侦察（敌我关系下的暗中调查不适用"侦查"）

(易错指数) ★★★★★

小明坐在家门口，一边侦查爸妈是否快要回家，一边看电视，如果发现爸妈快回来了，他就马上关掉电视。

侦察兵

"侦查"特指公安机关、国安局或检察院对犯罪嫌疑人及其案情进行的调查。公安、国安、检察机关和犯罪分子之间不是敌我关系。

"侦察"指在战争或非战争状态下，为了了解掌握敌情和战情而进行的活动。侦察者和被侦察者之间是敌对关系。上例中，小明不是公安机关也不是国安局、检察院的工作人员，爸妈更不是犯罪分子，爸妈不准看电视，他却偏要看电视，他们之间在看电视这个问题上就是敌我关系，他侦察敌情，应该用"侦察"。

市便衣侦查支队破获一起在长途车上实施盗窃的案件。

他积极投入到抗美援朝战争中，多次深入敌人心脏，搜集情报，这就是我们的侦察英雄。

zhèn dòng　　zhèn dòng

震动、振动（"振动"的威力不如"震动"大）

(易错指数) ★★★★★

地震来临那一刻，我感觉到大地振动。

"震"上面一个"雨"字头，说明和下雨有关。下雨往往和打雷是一起发生的，"震"的本义是霹雳，"霹雳"就是又急又响的雷。说明"震"是和自然现象有关的，如地震、大地震动。"震动"即表示急促的没有规律的颤动，也表示人的心情不平静，如震惊、震撼、震怒等。

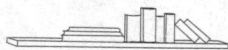

"振"左边是"手"旁,表示人为而非自然发出的振动。"振"有摇摆义,"振动"即物体围绕一个中心位置左右摆动,不断作往复的规律运动。

👍容器中的水滴会随着音乐的节奏而震动,发出不同声调的声音。

👍他把手机调到了振动状态,手机一直振动,他也没有听见声响。

zhì yí   zhì yí
置疑、质疑 (毋庸"置疑",一定有人会在会议上提出"质疑")

(易错指数) ★★★★☆

👎林书豪的迅猛蹿升令全联盟为之震惊,而他最终以高价薪酬签约休斯顿火箭更是引起了一片哗然,这其中也夹杂着不少置疑声。

"置疑"表怀疑。一般不单独使用,多和否定形式一起使用,如不容置疑,表示不容许怀疑,而非不容许提出疑问;毋庸置疑,表示无须怀疑;毫无置疑,表示没有一点怀疑。

"质"有询问、责问的意思,"质疑"作动词,不仅表示心中有所怀疑,还表示把不能解释或不能确定的疑问说出来,以求得到解答。上例中,"置疑"仅表示内心怀疑,这种"置疑"成了一种声音,表示人们把内心的怀疑提出来以求得到答案,应该用"质疑"更合适。

👍他确实在某些方面需要改进,但是他的天赋是毋庸置疑的。

👍学习要善于质疑,质疑能够加深人们对事物的认识。

zhōng shēn   zhōng shēng
终 身 、终 生 ("终生"要比"终身"长)

(易错指数) ★★★★★

👎终生大事不留遗憾,筹划并分享婚礼瞬间。

"终身"强调的是一生、一辈子。"身"表示一个人的某种身份,从具有这种身份开始一直持续到他生命结束的这个时间段。

"终生"强调人的生命终止的那一刻。上例中，"婚礼"是一个人成年后从未婚进入已婚的仪式，从此，自己将多一个身份，做另一半的妻子或丈夫，这样的身份将持续到这个人生命的终结，应该改用"终身"。

👍在伦敦奥运会期间，一旦运动员被查出药检呈阳性，将面临终身禁赛处罚。

👍播音员是新闻信息的传播者，可以说词典是我们的工作伙伴，又是我们的终身伴侣。

👍顾棣先生荣获"第九届中国摄影金像奖终身成就奖"。

👍如果当时我没有去救人，我会后悔终生！

👍这次旅行我将终生难忘。

zhōng qíng   zhōng qíng
钟 情、衷 情（君能诉的是"衷情"，而不能诉"钟情"）

易错指数 ★★★★☆

👎何炅和维嘉携手《快乐大本营》走过15年，对这个节目最衷情。

"钟"作动词，表示集中、集聚在一起。"钟情"即集中感情放在一处，专注（多指爱情）。

"衷"属"衣"部，"衣"字分开成两半，中间挤进去一个"中"字，"衷"的本义指贴身穿的衣服，穿在里面的衣服，即内衣。"衷情"即内心的情感。上例中，何炅和维嘉伴随节目走过十五年风风雨雨，他们把自己的欢笑与泪水都投入在节目中，集中感情放在节目上，应该用"钟情"。

👍在当今电子图书风靡全球之时，法国人却依旧钟情于纸质图书。

👍本次活动以诉衷情为主题，鼓励事务繁忙的企业家对父母、爱人、子女表达关爱与真情。

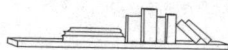

zhōng xīn　zhōng xīn

衷 心、忠 心（"衷心"感谢一片赤诚"忠心"的
战士）

(易错指数) ★★★☆☆

👎她希望韩国民众给予韩国运动员最忠心的支持。

"衷"的古字

"衷心"形容发于内心的,即真心实意的,如衷心
的祝福,衷心的感谢。上例中,应该是发自内心的支
持,应该用"衷心"。

"忠"是"心"字底上面一个"中"字,能把国家、人民、事业、领导、朋
友放在心中,做事尽心尽力,"忠心"即忠诚的心。

👍我衷心地祝福我的祖国。
👍卡卡向弗洛伦蒂诺表达了自己的忠心,愿意留在皇马继续踢球。

zhuó jiàn　zhuō jiàn

灼 见、拙 见（两者读音相似,意义不同）

(易错指数) ★★★☆☆

👎总有一些代表委员的真知拙见能引起公众的强烈
共鸣。

"灼"字左边是"火"旁,火是会发光发亮的,而有
了光亮就可以看清楚周围的事物,所以"灼"也有表示
明亮清楚的意思,"灼见"即表示透彻的见解。

"灼"的古字

"拙",我们常听说有"眼拙"、"手拙"、"笨拙"、
"勤能补拙","拙"即笨,不灵活。"拙见"是自己称自己提出的意见和
见解,表示一种自我谦虚的说法,一般只用于自己说自己的意见、见解,
不能指别人提出的意见和见解。用在自己是自谦,用在别人就变咒
骂了。

上例中,代表委员们提出的见解能够引起公众的共鸣,说明是好的见解,有价值有深度的见解,那既然如此,怎么能说"拙见"呢?应将"拙见"改为"灼见"。

👍这是小女子对供电系统图纸提出的一点拙见,还请各位领导批评指正。

👍在各代表团会议室,代表们发言踊跃,气氛热烈,审议中一改话风,少了虚话套话,多了真知灼见。

zì yuàn　zhì yuàn
自愿、志愿("志愿"使用范围更大些)

易错指数 ★★★★☆

👎上海世博会自愿者说,大多游客的不文明行为都出于不好的日常习惯。

"自愿"表示自己愿意,没人强迫,作动词。

"志愿"表示处于某种认识或志向愿意去做某事,作动词。还可以作名词,表示一个人的志向和愿望。上例中,应该用"志愿者",虽然"自愿"和"志愿"都表示自己愿意去做某事,但"志愿者"是一个专有名词,表示自愿为社会公益活动、赛事、会议等服务的人。

👍我自愿(志愿)加入中国共产党。

👍12岁小男孩自愿(志愿)无偿捐献自己的器官,以延续四个人的生命。

👍我的高考第一志愿是考取香港大学。

👍他从小就是一个志愿高远的孩子。

错词清道夫

第二章

易错用成语辨析

一 望文生义类

✻ A ✻

ài mò néng zhù
爱 莫 能 助（千万不可为"爱"痴狂）

易错指数 ★★★★★

👎小胖默默地喜欢小米，每每看她考试成绩不理想时，却爱莫能助。

👎谢贤独自在香港过父亲节，挂念孙儿爱莫能助。

以上两例都是在"爱"上犯了低级错误，被"爱"遮蔽了双眼，冲昏了头脑。"爱"在此只表示"同情、怜悯"，并不表示"喜爱"。上例中，"小胖喜欢小米，却没办法帮助她"话虽没错，但是不符合"爱莫能助"的正确意思；香港明星之家的谢贤宠爱孙儿却不能与之度过父亲节，并不是同情他的孙儿。"爱莫能助"有且只能是出于"同情、怜悯"。

👍眼看着路边的老大爷跟跄摔倒在地，却是爱莫能助。

👍英语考试迟到两分钟而被拒之门外，小胖和母亲在考场外跪地恳求，人们却爱莫能助。

ān bù dàng chē

安步当车（"安步当车"可不是人速比车速）

易错指数 ★★★★☆

👎眼见着天就要下雨了，我又没带伞，只好安步当车往家里赶。

　　大多数人仅凭字面意义理解即把走路当作是坐车，把走路的速度比作像坐车一样快。"走路当坐车"是没错，可"走路和坐车一样快"就大错特错了。"安步"仅表示安安稳稳地走路，走起路来四平八稳，气定神闲，肯定不能是一路小跑，连走快了都不算"安步"。"安步当车"即把安安稳稳走路当作是在乘车，形容闲适恬淡或者形容人有气节，可以把走路当作是坐车，不为金钱利益所诱惑，喜欢安贫乐道的生活。上例中，未免被瓢泼大雨淋成落汤鸡，往家里赶去，肯定是不可能四平八稳、气定神闲的安稳走路，必须得是加快脚步，一路小跑才能避免落汤鸡的下场，显然这里用"安步当车"就不恰当了。

👍安步当车要多好有多好，既低碳环保，又健身。
👍每日他都安步当车去上班，十多年了从来没有间断过。

ān tǔ zhòng qiān

安土重迁（"安土重迁"重点在"安"不在"迁"）

易错指数 ★★★☆☆

👎房子马上就要被拆掉了，小区居民正抓紧时间安土重迁。

　　人们往往认为"重迁"即重视搬迁，其实不然，"重"非重视，而是不轻易，"重迁"表示不轻易迁移。"安土重迁"即在一片土地上安定下来，就不再轻易把居所搬到别处去。正如孔子云："既来之，则安之。"在古代，除非遇到天灾，否则只有被流放的罪犯才会离开自己的故土，过着背井离乡的艰苦生活。所以在古代，把离开故土家乡作为对罪犯的惩罚。在现如今的社会，人们离开故土家乡，在外拼搏生活是很平常的事。上例中，现有房屋要拆掉，居民们要抓紧时间从老家搬出去，另觅居所，而

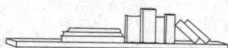

不是不肯搬迁。

👍家住黄河边的宋桂兰老太太,有着中国人特有的安土重迁的情结。

👍中国人向来有安土重迁的传统,一般情况下他们并不轻易移居。

✳ B ✳

bài guān yě shǐ
稗 官 野 史("稗官野史"并非低俗读物)

易错指数 ★★★☆☆

👎现在市面上有很多稗官野史的读物,严重影响了青少年的身心健康发展。

"稗官"是古代官职,其职务是帝王授予的,专门走基层,深入群众,搜集街谈巷议、风俗故事。我们常听说某某明星的野史、某某皇帝的野史,"野史"是和"正史"相对的。我们也常听有"在野党"一词,"在野党"即不执政不当政的党派,是与"执政党"相对立的。"野史"即非官方人士编撰的史书。"稗官野史"即古代官方编撰的小说和非官方人士编撰的史书,是具有一定历史价值和研究意义的。因此,"稗官野史"是一个中性词,无所谓好坏,并不等同于不堪入目的低俗读物。上例中,把影响青少年身心健康的低俗读物称为"稗官野史"也就不合适了。

👍蒋介石和溥仪在现实中从未谋面,翻看各种史籍,即便是稗官野史也无半点蛛丝马迹。

👍甄嬛其人多出自稗官野史中,比如《清宫十三朝》、《清宫遗闻》等。

👍稗官野史上存在这么一个争议:诸葛亮之妻黄月英究竟是奇丑,还是个绝代美人。

bì lù lán lǚ
筚路蓝缕（"筚路蓝缕"不等于"衣衫褴褛"）

（易错指数）★★★☆☆

👎从灾难中逃过一劫的灾民，一个个惊慌失措的表情，筚路蓝缕的衣衫，看得叫人揪心。

"筚路蓝缕"和"衣衫褴褛"常被误认为是一对双胞胎姐弟。"衣衫褴褛"即衣服破旧、衣衫不整的样子，但并不等于"筚路蓝缕"。"筚路"指简陋的柴车，"蓝缕"指破旧的衣服。"筚路蓝缕"即在衣衫褴褛的艰难状态下还要开辟一片新天地，形容在创业之初的艰难。上例中，灾民们仅是在逃亡过程中衣衫不整、穿着破旧，还没有空闲去想重新创业的事，灾难也许也并未影响其事业的发展，此处不能用"筚路蓝缕"，更不能用它形容衣服。

👍华人闯荡好莱坞，筚路蓝缕。
👍回顾他执政两年来的情况，用"筚路蓝缕，以启山林"加以形容，实不为过。

099

bì qí gōng yú yì yì
毕其 功 于一役（"毕其功于一役"并非要打场硬仗）

（易错指数）★★★☆☆

👎哈文去年第一次当"春晚"导演，她肯定是把多年来积累的精华和盘托出，毕其功于一役。

"毕其功于一役"并非是用积蓄的所有功力来应付一场战役。上例中，把"春晚"比作"毕其功于一役"中的"役"，即哈文导演把多年来积累的功力全都用在这场春晚上，这明显是对"毕其功于一役"的误用。孙中山先生在创造这个成语之初，可没有赋予它这个内涵，而是表示把应该分为几个步骤完成的事情一次搞定，也形容急于求成。

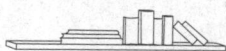

👍反腐败不可能毕其功于一役。

👍拼音之父周有光认为拼音改革难毕其功于一役。

👍抓经济、抓发展，不能毕其功于一役。

bù huò zhī nián
不惑之年（"不惑之年"不以疑惑作为判别标准）

(易错指数) ★ ★ ★ ☆ ☆

👎小胖觉得姐姐就是自己的百科全书，什么都知道，小胖羡慕姐姐已经到了不惑之年。

　　上例中，"小胖羡慕姐姐到了不惑之年"，倘若姐姐真的还不到不惑之年，估计姐姐会很生气，后果会很严重。这是表扬姐姐吗？要是姐姐真到了不惑之年，那也就罢了。因此，人们使用"不惑之年"，一定要慎而又慎。孔子曰："三十而立，四十而不惑，五十而知天命，六十而耳顺，七十而从心所欲，不逾矩。""惑"的本义是指心乱，理不清楚，不能分辨是非。"不惑"即能辨明是非，不受迷惑。孔子认为人活到四十岁，已经受到了生活的历练，已经走向了成熟，能够看清人生的很多道理。"不惑之年"后来就特指人们进入四十岁的人生阶段。

👍最近收到一位读者写来的一封长信，他说自己出生于上世纪70年代，现已进入不惑之年。

👍1985年，进入不惑之年的贝肯鲍尔正执掌德国队教鞭。

bù chǐ xià wèn
不耻下问（"不耻下问"必须是"上对下"发问）

(易错指数) ★ ★ ★ ☆ ☆

👎学生能够做到不耻下问就是让老师最欣慰的事。

　　"不耻下问"不以向别人请教学问而感到耻辱，这只是词语的表面意义，如果仅此而已，那就还未掌握这个成语的精髓。"不耻下问"即不

以向职位比自己低、学问比自己浅的人请教
为耻辱。上例中,学生和老师之间,老师管理
学生,引导学生,学生对老师肯定是下对上的
关系。如果学生不是自大狂,那么请不要使
用"不耻下问",老师作为长辈,其地位、学识
如若低于学生,实在解释不通。虽然现在也
有学生的学识超过老师的现象存在,但毕竟
是个案,而非普遍现象。正常情况下,老师的

专业知识肯定是在学生之上,作为学生,无论何时,老师都应该是自己的
长辈,不能使用"不耻下问"。如果是中学生请教小学生,博士生请教大
学生,那我们可以说"不耻下问"。

👍拿到数学复习资料后,他不耻下问,几乎每天都要向身边的学弟、学
妹请教。

👍影视巨星成龙不耻下问,向徒弟请教。

bù kān zhī lùn
不刊之论("不刊之论"到底可不可以刊登出来呢?)

(易错指数) ★ ★ ★ ☆ ☆

👎他这篇报道写得牛头不对马嘴,词不达意,完全是不刊之论。
👎这篇文章见识浅陋,属于不刊之论,总编决定不予发表。

　　上例中,有"牛头不对马嘴"、"词不达意"、"见识浅陋"这样的词语
作为铺垫,显然人们把"不刊之论"当作了贬义词理解,即不可以被刊登
出来供读者阅读的文章,这简直就是大错特错。"刊"是"刂"旁,本义是
用刀削除。我们知道在纸出现之前,古代的文字大多书写在竹简上,要
是写错了字,涂改起来可就不容易了,只能用刀一点点地削除。"刊"就
由用刀削除,引申为删除、修改。"不刊之论"即文章已经写得相当完美
了,无需再做任何修改。如此理解,"不刊之论"不仅不含贬义,而且还

是高度赞扬,指文章写得很好,无需再做任何修改。

👍周策纵说胡适的行文"平情顺理,清浅流丽",正是不刊之论。

👍作者屡有不刊之论推出,尤其对几成定论的所谓"流寇主义"、"起义军封建化"以及"李自成败退北京的真正原因"等重大历史问题,均有独到见解。

bù rěn cù dú
不忍卒读("不忍卒读"事出有因)

易错指数 ★★★☆☆

👇诺贝尔奖获得者杨振宁在公开场合谈论到"多半科普文章不忍卒读,作者没有扎实态度,而往往是投机取巧的居多"。

上例中,杨振宁先生把"不忍卒读"错误地理解为单纯地不忍心读下去,不忍心读完。老先生这一说只抓住了词的字面意思。"不忍卒读"的原因并非在于写得不好,写得没有水平,读者 hold 不住了,不想继续读下去。而是因为情节太曲折,故事太悲伤,就像那韩剧里的生死恋一般,实在是不忍心继续读下去。上例中,杨振宁先生认为现在的科普读物写得没有含金量,而非情节曲折和故事悲伤,当然科普读物也无所谓有情节和故事,这里就不能用"不忍卒读"。

👍她一度伤心欲绝,在她的 QQ 空间里写满了坎坷和不幸的生活遭遇,令人不忍卒读。

👍战时的日本媒体,津津乐道于残暴的"百人斩",视屠戮为勇武,为残杀唱赞歌,让每个有良知的人都不忍卒读。

bú xiào zǐ sūn
不肖子孙("不肖子孙"与"不孝子孙",音同义不同)

易错指数 ★★★★☆

👇冰心墓碑遭孙子题"教子无方",网友痛批其是不肖子孙。

"不肖子孙"与"不孝子孙"这组词,音同义不同,但是人们用错它,坏就坏在这两个词读音相同,仅一字之差,导致"不孝子孙"躺着也中枪。"肖"表示相似,像。我们常说"肖像"即以某人为主体画得十分逼真的画像。"不肖"即不像,在这个成语中,解释为不像先人们一样圣贤,有出息。上例中,孙子糟践奶奶的墓碑,这是不孝行为,网友应该痛批其是不孝子孙才对。

👍执行家法是封建时代,封建家长对不肖子孙以及家中仆人进行处罚的一种做法。

👍他们精忠报国,他们演出过一幕幕英勇悲壮的舞剧,使我们这些活着的不肖子孙相形见绌。

bù yì zhī lùn
不易之论("不易之论"与"容易与否"八竿子打不着边)

易错指数 ★★★☆☆

👎小小年纪竟能说出这番有理有条、雄心勃勃的话语,实属不易之论。

　　如果此时要你用"易"字组词,你肯定不假思索,毫不犹豫脱口而出"容易"二字,其反义词是"不易"、"困难"。因此,人们理解"不易之论"中"不易"二字,就以为是不容易,错误地以为"不易之论"即不容易的、了不得的言论。上例中,指小孩所说的话已经大大超过了他这个年龄所要掌握的知识和道理,真是了不得的言论,显然是错误地理解了"不易之论"的意思。"易"在此只表示改变,"不易之论"其实是指不可改变的言论,即正确的言论,与"容不容易"八竿子打不着边。

👍旅游可以增加人的阅历,这已经是不易之论,然而我觉得旅行还有一种价值,甚至是更重要的价值,即让我们认识到事物的复杂性。

👍自孟子首倡"养气说"以来,"文以气为主"就成了中国诗学理论中的黄金定律和不易之论。

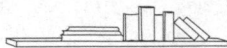

错词清道夫

bù zú wéi xùn

不足为训（"不足为训"是不足以成为深刻的教训吗？）

易错指数 ★★★☆☆

👎如果对问题奶企依旧止于隔靴搔痒地处理，偏袒企业，欺骗消费者，显然是不足为训。

上例中，显然把"不足为训"理解为"不足以长教训"，如果在处理问题奶企的事件中，有关部门依然这样大而化之，在工作中不作为，对于牛奶生产企业而言，根本不足以作教训。"训"到底怎么解释呢？是"教训"之义吗？非也。"训"仅表示榜样、典范，而不是教训之义。"不足为训"即不足以成为别人的榜样，不足以成为别人学习的典范。

👍虎妈狼爸的教育方式不足为训。

👍像杨佳、钱明奇、唐福珍那样为阻挠拆迁而自焚的极端个案，可以同情但不足为训。

C

cè mù ér shì

侧目而视（"侧目而视"不等于"刮目相看"）

易错指数 ★★★☆☆

👎身着崭新警服的小伙子，阳光帅气、精神抖擞，散发着青春的活力，引来不少路人侧目而视。

"侧目"指斜着眼睛，不正视对方。那么为什么不敢正视对方呢？"侧目而视"特指因为恐惧而不敢正视，或者是因为愤怒而不屑于正视，只斜着眼睛看就够了。上例中，身着警服的年轻帅小伙，路人看见警察帅哥，除非是心理变态，或另有隐情，不然绝不会感到恐惧，或是愤怒，显然是搞错了"侧目而视"的意思。

👍凭本事上清华，人们刮目相看；靠骗术上清华，人们侧目而视。

👍路边地痞流氓的粗鲁行为，让人侧目而视、避而远之。

chā qiáng rén yì
差 强 人 意（"差强人意"到底是满意还是不满意？）

易错指数 ★★★☆☆

👎意大利媒体节目《走进篮球》评选出了本场比赛中最佳球员和最差强人意球员。

👎在写真集中大秀姣好身材的女明星，生活照中却显得差强人意，暴露了身上不少赘肉。

　　上例中，与"最差强人意的球员"相对的是"最佳球员"，即比赛中，人们最满意的球员和人们最不满意的球员，"差强人意"被人们错误地理解为了不满意。这样的错误，一抓一大把。"写真中大秀姣好身材的女明星"后面有一个"却"字引起转折，即生活中女明星的身材并不像写真集中那么姣好，女明星的真实身材并不令人满意，这里又出现了"差强人意"。"差强人意"的意思是大体上还能使人满意，虽算不上特别满意，但是勉强还是使人满意的，并没有达到使人不满意的程度。上两例中，都错误领会了"差强人意"的意思，其实它是表示人们满意。既然是人们满意，那么全句的叙述也就有矛盾了。

👍日本经济经过大地震后的停滞不前，又重新回到缓慢复苏的轨道，上半年经济表现差强人意，保持正增长已成定局。

👍备考时的辛苦，到笔试预想不到的第一，到面试过后的忐忑。这期间经历的种种使我明白，努力了多少就会收获多少，好在结果差强人意。

chūn qiū bǐ fǎ
春 秋 笔 法（"春秋笔法"并非春秋那些年的事儿）

易错指数 ★★★☆☆

105

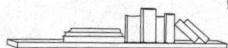

👎他虽只写了寥寥几笔，但却字字苍劲有力而又潇洒自如，很有春秋笔法的风范。

"春秋"在此真是不好理解，它既不是季节上的春夏秋冬，也不是指中国古代春秋战国时期的春秋时代。"春秋"到底是什么意思？话说孔老夫子出生于春秋时期的鲁国，大概是成名成家后不忘祖国恩情厚意，便编撰史书以记录鲁国历史，文中并不直接阐述孔圣人对历史人物和事件的看法，却通过细节描写，修辞手法和故事情节的选择，委婉而微妙地表达出作者自己的看法，此书取名《春秋》，这样的写作方式就叫"春秋笔法"。上例中，字写得好与坏，与春秋笔法没有半点关系，用在此处实在不恰当。

👍在我眼里，"春秋笔法"近乎文章构思立意的高峰，其基本特征有二，一来虽文字简短而微言大义，二来尽管暗含褒贬，又每每中规中矩。

👍拜读金先生的旧作，春秋笔法令人受益良多。

chūn yì lán shān

春意阑珊（"春意阑珊"是浓还是淡？）

易错指数 ★★★★★

👎两万盆奇花异草在这春意阑珊里争奇斗艳会是怎样一副瑰丽的画面？

👎草长莺飞，春意阑珊，大自然的气息日渐浓郁，这样的时令季节最适合户外运动。

👎行走在春暖花开的时节，感受春意阑珊的四月天带给我的那片微醺惬意。

"众里寻他千百度，蓦然回首，那人却在灯火阑珊处"，我们常说，却不知其意，到底"灯火阑珊处"是在哪里呢？"阑珊"是说得是什么呢？"灯火阑珊"是指灯火快要灭掉，但又没有灭掉，星星点点、稀稀拉拉的稀疏样子。"阑珊"即指某物将尽或衰落。"春意阑珊"即春天即将消逝、即将结束,春意不浓的样子。上例中,有"两万盆奇花异草"的铺垫,应该是春意正浓,万物生机勃勃之时,如若是"春意阑珊"的衰败景象,怎么又会有争奇斗艳的瑰丽画面呢?"大自然的气息日渐浓郁"说明冬天刚过,春天到来,万物复苏,怎么会是"春意阑珊"呢?四月天就更不可能是暮春时节了。所以这些地方的"春意阑珊"都没有用对。

👍5月末,正是春意阑珊之时,这时的香格里拉总是格外美丽。

👍时值暮春,春意阑珊,鹅黄的连翘、粉红的桃花,都已凋零。

✳D✳

dà fāng zhī jiā
大 方 之 家("大方之家"与花钱大方无关)

易错指数 ★★★★☆

👎他是富二代,花钱如流水,常请客吃饭,在朋友眼里是一个不折不扣的大方之家。

上例中,他是富二代,是款爷,但有几个富二代真能成为大方之家呢?花钱如流水,请客吃饭,呼朋唤友,就是大方之家吗?非也。到底什么是大方之家呢?"大方之家"出自于《庄子·秋水》:"吾长见笑于大方之家。"话说秋天的洪水注入了黄河,水流巨大,两岸的水边、洲岛之间,不能辨别牛马。于是黄河河神河伯十分得意,以为天下的美景都集中在自己的这里。河伯洋洋得意地一路向东,到了渤海,再朝东望去,天边无际的大洋,河伯才醒悟道:"如今我看见您的大海难以穷尽,我如果不到这渤海边上,那我永远会被讥笑。""大方之家"实际上是指学者专家,而非不吝啬、不计较或者不拘束的意思。

👍用有效的宣传以正视听是必要的,方法自有大方之家谋划。

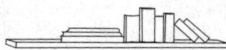

错词清道夫

👍笔者自认为才疏学浅,不敢妄加定论,还留待于大方之家去作进一步地考证。

👍先生虚怀若谷、谦虚恭谨,表现了大方之家风范。

dà xiāng jìng tíng
大 相 径 庭("大相径庭"犹如西瓜比黄豆)

易错指数 ★★★★☆

👎这两幅画大相径庭,叫人难以辨别真假。

　　"大相径庭"是我们伟大哲人庄子所造,流传至今已有上千年的历史,不免在它成长的过程中,人们会对它产生一些误用,今天我们就来把错误揪出来,还它本色。"径"表示门外的路;"庭"表示院子里的空地。这个成语放在今天更好理解,"径"相当于家门外的马路、公路;"庭"相当于家里院子中的羊肠小道,这公路肯定比小道要宽阔得多的,于是"径"和"庭"就像西瓜比黄豆,海洋比小溪,相距甚远。"大相径庭"表示彼此相差很远或矛盾、分歧很大,并不表示两者相当或相似。上例中,两幅画大相径庭,即表示两幅画差距很大,一眼就可以看出它们的真假,怎么又会难以辨别呢? 自相矛盾,在于造句者错误地理解了成语"大相径庭"的含义。

👍关联词的误用会导致句子意思和原本想要表达的意思大相径庭。

👍成语"不以为然"和"不以为意"的意思大相径庭。

dēng táng rù shì
登 堂 入 室(小偷可不能"登堂入室")

易错指数 ★★★★★

👎火锅1930年登堂入室,民国时期是重庆火锅发展的重要阶段。

👎南非狒狒溜进民宅登堂入室大搞破坏,让居民生活饱受惊吓与骚扰,愤怒声四起。

👎这是网络小说首次"登堂入室"进图书馆。

"堂"是指客厅,"室"是指卧室。"登堂入室"的字面意思,确实是指进入客厅和卧室,但是它的引申义并非是指来势汹汹地进入或出现在某一地点或某一领域,人们完全误解了它的意思。"登堂入室"形容人们的学问或技能从浅到深,循序渐进,而后达到了炉火纯青高水平。上例中,火锅出现在百姓生活中,进入寻常百姓家;狒狒闯入民宅;网络小说进入图书馆,都是指"进入、出现",不能用"登堂入室"来表达动作。

👍电影《延安电影团》在京举办专家研讨会,多位专家给予高度肯定,黄宏认为该片"返璞归真,登堂入室"。

👍一些书法家没有意识到去引导大众走向美的境界而逐步登堂入室,而是一味地去迎合大众,甚至迎合一些低俗的藏家。

F

fǎn gē yì jī
反戈一击(弄清"反戈一击"击的是谁?)

易错指数 ★★★☆☆

👎圣诞节上映的《悲惨世界》来势汹汹,一度登上单日票房榜榜首,不少电影人认为《霍比特人》的"时代"将彻底终结,没想到《霍比特人》周五反戈一击,再度登顶。

"反戈一击"中"戈"是古代的一种兵器。想象一下,倘若我们是美国大兵,在战场上出生入死,同仇敌忾,本应该拿着长枪打击恐怖分子,但却出现了叛变,枪口没有瞄准恐怖分子,而是反转枪口,对准自己的战友,扣动扳机,一枪毙命,看着昔日战友惨死自家的枪口下。攻击的目标从原本的敌人转而变成了原属同一阵营的战友,这就叫做"反戈一击",比喻掉转头来反对自己原来所属的或拥护的一方。上例中,随着新片

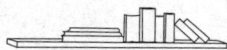

《悲惨世界》的上映,电影《霍比特人》的票房神话受到威胁,但是就在上周五,《霍比特人》这部电影的票房又强势反弹,我们可以说"有力还击","强势回归",但却不能用"反戈一击"。因为《霍比特人》这部影片并没有以攻击自己的朋友为目标。这里误把"反击"等同于"反戈一击"。

👍深圳红钻队对阵重庆FC队,当中有两名原深圳红钻队的球员基伦和黎斐,在上半场比赛中,基伦接黎斐的传球攻入老东家的球门,这样的反戈一击颇有讽刺意味。

👍遭到本派系人马的反戈一击,才是目前局面下日本首相最严重的致命伤。

fēn tíng kàng   lǐ
分 庭 抗 礼("分庭抗礼"的"抗"字,你懂了吗?)

易错指数 ★ ★ ★ ☆ ☆

👎当然,分庭抗礼并不等于井水不犯河水,双方始终都试图"侵入"对方的领地。

　　这个成语是否能够准确运用,全看各位对"抗"字的理解。"抗"不是表示对抗,而是表示身份、地位的对等、相当;"庭"就是庭院、院子。"分庭"即自家门前的院子的两边,"分庭抗礼"即宾主在院儿里见面,分别站在院子的两边,面面相对行礼。现在主要取其平起平坐,互相对立之义。存在对抗关系的双方,在身份、地位、技术等方面不相上下,重在表示双方地位相当,而不在于双方对抗。上例中,"分庭抗礼"并不等于"井水不犯河水"是对的,但是"分庭抗礼"也不等于朴泰桓与孙杨在比赛中的激烈对抗,根据后半句来判断,"分庭抗礼"用在此处并不恰当。

👍昆仑与蜀山剑盟是人间两个足以分庭抗礼的修仙教派。

👍数十年来先后由美苏和美俄分庭抗礼的太空战略均衡格局,也会因为中国这个后来者的加入而打破,形成三足鼎立的新局面。

👍比赛的过程和结果证明：我们可以与世界上任何强队分庭抗礼。

G

gāo shān liú shuǐ

高 山 流 水（"高山流水"非高山流水也）

(易错指数) ★ ★ ★ ☆ ☆

👎那桃红柳绿,高山流水的景色真叫人流连忘返。

👎世世代代居住在这里的农民都用这高山流水灌溉农田。

　　话说伯牙和子期人生中第一次见面,伯牙正弹奏琴弦以表现出高山的巍峨,恰巧被路过的子期听见,子期说到："巍巍乎志在高山。"伯牙又弹奏琴弦表现流水的广阔,子期又说："洋洋乎志在流水。"伯牙惊叹到自己未说半句话,对方便能从琴声中听出自己的心思,实在是心有灵犀一点通啊!二人从此成了音乐上的知音。而后"高山流水"便指遇到了知音,或是形容乐曲高妙。上例中,人们都没有理解"高山流水"作为成语的真正意思,简单地理解为高山上留下来的水,是不正确的。

👍朗朗那高山流水般的琴声,实在是沁人心脾。

👍我们十多年的闺蜜,总有说不完的话,一起开心,一起难过,相互鼓励,相互关心,真是高山流水,得遇知音。

gōng bài chuí chéng

功 败 垂 成（"功败垂成"已是失败的结果）

(易错指数) ★ ★ ★ ☆ ☆

👎最后一场比赛中,双方都抱有功败垂成、在此一搏的信念和决心。

　　上例中,比赛双方的成败就在这一战,是成功还是失败都将在这场比赛中见分晓,比赛结果还不知晓,比赛双方已经做好奋力拼搏的准备。

"垂"义为接近、将要。"功败垂成"是指事情在将要成功的时候遭到了失败。如此理解,比赛双方都抱着遭受失败的信念和决心,显然是不可能的,没有哪位选手希望自己在比赛中输给对方。因此,"功败垂成"并非是指成功和失败两个对立面,而是指在将要看到胜利曙光那一刻,失败了。"功败垂成"的结果只有一个,就是失败,它并不表示在成功和失败两者之间徘徊,而是表示它已经有了失败的结果。

👍全场还有23秒结束时,约翰逊孤注一掷的三分球没能命中,可谓功败垂成。

👍比赛还有40秒的时候,卢比奥一个跑位非常准确的快速接球上篮让森林狼得到了至关重要的两分,可惜他在此后的进攻中出现失误,让森林狼功败垂成。

₁₁₂

gǒu wěi xù diāo

狗尾续貂(在狗尾上续貂毛,还是在貂毛上续狗毛?)

易错指数 ★ ★ ★ ☆ ☆

👎我这篇文章经你一修改,顿时感觉精彩很多,真是犹如狗尾续貂啊!

貂是一种生活在中国东北地区的哺乳动物,其毛皮极其珍贵,貂皮是"东北"三宝之一,素有"裘中之王"之称,"裘"即皮毛做的衣服,是诸多动物皮毛制品中的上上品,因此又成了富贵的象征。在国外,貂皮被称为"软黄金"。貂皮具有"风吹皮毛毛更暖,雪落皮毛雪自消,雨落皮毛毛不湿"的三大特点。相比之下,作为三线明星的狗狗们就要落寞不少,因为他们的身价太低,也没有出场费,只有给做一线明星的貂充当绿叶的份儿了。"狗尾续貂"即指由于貂尾不足,只好用狗尾来代替充数。现在多用于比喻用不好的东西续在好的东西的后面,显得好坏不相称。有以次充好,滥竽充数的意味,自然是一个贬义词。上例中,既然是一经修改,顿时就精彩许多,那怎么又会是"狗尾续貂"呢?那叫画龙点睛啊!把不好的东西加在原本好的东西上,怎么又有精彩而言?所以这里用错了词。

👍现在电视剧市场流行翻拍或拍续集,但这往往只是狗尾续貂的商业营销模式,毫无艺术价值可言,观众不看也罢。

👍《怪物史瑞克4》是经典动画片《怪物史瑞克》的狗尾续貂之作。

guā tián lǐ xià
瓜田李下("瓜田李下"与瓜果无关)

(易错指数)★★★☆☆

👎收获时节,农民们都起早贪黑,在瓜田李下辛苦劳作。

👎他发誓要开始为期一个月的清心寡欲、瓜田李下的减肥生活。

"瓜田李下"一词源于"瓜田不纳履,李下不整冠"。在唐代以前,没有"鞋"这个词,人们把鞋子叫做"履"。现在人们说某人穿着正式会用"西装革履","履"即表示鞋子,"革履"即皮鞋。"瓜田不纳履"意思是说,走在一片种有瓜的田地里,不去弯腰整理鞋子,因为成熟的瓜果就长在鞋边的瓜藤上,以避免旁人以为是在弯腰偷瓜。"冠"的本义即帽子,"李下不整冠"说的是,站在李子树下,不去整理头顶的帽子,因为成熟的李子长在树枝上,树枝和头顶挨得近,以避免旁人以为是在偷树上的李子。"瓜田李下"比喻容易产生嫌疑的地方。上两例中,都是只理解了"瓜田李下"的字面意思,完全没有理解这四个字作为成语的真实意义。

👍顾客在商场购物时无意间的小动作引来误会,造成瓜田李下的嫌疑。

👍作为一名共产党员、人民检察官就应该严于自律,避免瓜田李下让老百姓指指点点。

guǒ zú bù qián
裹足不前("裹足不前"在于人们有顾虑)

(易错指数)★★★☆☆

错词清道夫

👎进入新千年后，尽管技术和科学为人们的生活方式带来了革命性的变化，但时尚却裹足不前，鲜有创新。

👎光芒之下，在一些世界主流项目上，中国却始终裹足不前，比如游泳、田径、足球、篮球等。

　　"裹足不前"出自秦国策士李斯笔下。一日，秦始皇不满各国知识分子前来游说演说，便下令把所有前来游说的他国知识分子都给辞退掉。李斯告诉秦始皇，这样做无异于是要这些有识之士去为别国建功立业。想想看，这些自视清高的文化人突然被领导辞退掉，心里变得拔凉拔凉的，以后他们都会有所顾虑，裹足不来咱们秦国了，谁又来为秦国出谋划策呢？秦始皇一听，认为颇有道理，心一软就打消了这个念头。"裹足不前"便由此而来。"裹足"即把双脚用绷带缠起来。把双脚都给缠上了，自然也就寸步难行了，那为什么好端端的，要把双脚上这么一个枷锁呢？那是因为裹足的人心中有所顾虑，所以才犹犹豫豫，停滞不前。上例中，时尚、游泳、田径、足球、篮球哪里来的顾虑可言呢？"裹足不前"改为"停滞不前"更加恰当。

👍这每况愈下的股市，令众多投资者裹足不前。

👍日本爆发地震海啸引起的核泄漏，让诸多游客裹足不前。

H

hán yīng jǔ huá
含英咀华（"含英咀华"可以形容花朵吗？）

易错指数 ★★★☆☆

👎美丽的花园里，到处盛开着含英咀华的花朵。

　　"含英咀华"可以形容花朵吗？这个成语中"英"表示花朵，我们可以理解为，把花含在嘴里，咀嚼其花蜜的精华部分。比喻细细体味和领会诗文中的精华。上例中,显然把"含英咀华"归为了"含苞欲放"一类的形容花朵的成语,其实不然,"含英咀华"虽有花,却不指花,而是指对诗文的细细品味,慢慢欣赏。

👍沐浴书香,含英咀华,精神食粮促我成长。

👍唐诗宋词、中外经典、马恩名著、特色理论,反复温习,含英咀华,灵活运用,升华自我。

hū zhī yù chū
呼之欲出("呼之欲出"欲在玩"穿越")

易错指数 ★★★★★

👎在有关专家的积极参与构建下,新的丽水市博物馆内部结构,已经呼之欲出。

👎今天中国队夺金势头依然强劲,第200金的诞生,即将呼之欲出。

"呼",呼唤。"呼之欲出"即仿佛叫他一声,他就要从书本或字画中穿越出来。形容文艺作品中描绘的人物形象栩栩如生,非常逼真生动。上例中,大家都紧紧盯住"出"字不放,虽然都是表达"出现",但是成语真正的对象并不是丽水市博物馆、第200金这样的实实在在的事物。这些都不是文艺作品中所描绘的人物形象,并且也不能用栩栩如生来形容丽水市博物馆、第200金。在日常生活语言的运用中,大家完全把"呼之欲出"的功能范围扩大化了。

👍这幅画中的人物,个个生动逼真,呼之欲出。

hù è bù quān
怙恶不悛("怙恶不悛"恶在哪里?)

易错指数 ★★★☆☆

👎小胖总是逃课上网,家长、老师对他已无计可施,人人都认为他是一个怙恶不悛的坏孩子。

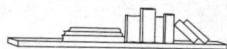

"恶"是什么呢？"恶"在这里可不是指做了一般的坏事，正所谓"人在江湖身不由己"，人生在世，哪有没做过一两件坏事的，人无完人嘛，我们也不是神仙，就算是神仙，那孙悟空不还做过坏事，猪八戒不还有个七情六欲嘛。所以说"怙恶不悛"中的"恶"并不指人做了一般的可以被原谅的坏事，而是指做了十恶不赦的大坏事，是作恶多端，不可饶恕的坏事。"怙"，坚持；"悛"，悔改。"怙恶不悛"即坚持作恶多端，不肯悔过。上例中，小胖作为一名未成年学生，天天上网，确实不是什么好事儿，但是他并没有作恶呀，更没有杀人放火，干出什么十恶不赦的坏事，所以用"怙恶不悛"来形容小胖实在是有点过分了。

👍他出狱后，又屡屡干了多件杀害未成年人的坏事，对于这样怙恶不悛，天地难容的罪犯，就应该严加制裁。

👍他多次不听劝阻，吸食毒品，败光了家业不说，还抛家弃子，弑杀父母，真是一个怙恶不悛的大坏蛋。

huì mò rú shēn
讳莫如深（你可不要妄想颠覆"讳莫如深"的意思）

易错指数 ★★★☆☆

👎面对粉丝们关于博客五花八门、内容丰富的解释，本不懂得博客的大明星李享，更加对博客讳莫如深。

上例中，"李享对博客讳莫如深"是个什么意思呢？是说李享对博客隐瞒得很深吗？这不合情理啊，博客这东西本来就是放在网络上，随便谁都可以点击阅读的，何所谓隐瞒呢？"讳"表示隐瞒着不说出去，"深"表示重大事情。"讳莫如深"原指对重大事情隐瞒不言。后形容隐瞒得很深。上例中，李享应该是觉得站在流行最前沿的高科技博客深奥难懂，对粉丝们给予的解释更是觉得云里雾里，属于是丈二和尚摸不着头脑，这和"讳莫如深"没有关系。

👍在发生重大煤矿安全事故后，个别领导干部为了逃脱责任而隐瞒事实真像，往往在接受采访时讳莫如深。

👍该名涉及兴奋剂事件的运动员对此事讳莫如深，一直采取逃避态度。

huǒ zhōng qǔ lì

火 中 取 栗（"火中取栗"虽危险，但意思却与"危险"无关）

易错指数 ★★★★☆

👉高空走钢丝的特技表演就如同火中取栗，危险重重。

栗 子

"火中取栗"可不是中国的土特产，它是来自法国的洋货。话说一只法国猫和一只法国猴子看见火上烤得正香的栗子，猴子灵机一动，怂恿猫咪去火中取栗子。这只忠厚老实的猫咪把爪子上的毛烧得一根不剩，疼得赶紧丢掉刚从火中取出的滚烫的栗子。猴子一下就把栗子给吃掉了，猫咪却落得个"竹篮打水一场空"的下场。"火中取栗"即比喻替别人冒险，吃了苦头却还得不到半点好处。上例中，高空走钢丝确实是个冒险的表演，但走钢丝的人不是在替别人冒险呀，也不是吃了苦头得不到好处啊，他是在挑战自己，挑战人类极限。当他挑战成功那一刻，荣誉加身，其乐无穷啊。怎么能说是"火中取栗"费劲不讨好呢？

👍消防战士不顾个人生命安全积极参与矿山救援，却被群众状告救援不力，真是火中取栗。

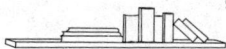

错词清道夫

J

jī huǐ xiāo gǔ
积毁销骨("积毁销骨"即人言可畏)

易错指数 ★★★☆☆

👎他把这篇文章反复阅读了数十遍,已经有了积毁销骨的透彻理解。

看过周星驰的电影《九品芝麻官》的人,或许还能记得那个能把骂人当作武器使用的包龙星。电影中的他能把活人骂断气,把房子给骂塌,把波澜不惊的河水也能骂得汹涌澎湃,这就叫做"积毁销骨"。正所谓"唾沫也有淹死人的时候",这与"积毁销骨"有异曲同工之处。"毁"表示言语上攻击、诽谤、丑化别人。"销骨"指能把别人的骨头熔化掉。"积毁销骨"即长期不断积累的毁谤,足以侵蚀熔化一个人的骨头躯体,置人于死地。能把别人的骨头躯体熔化侵蚀掉,这人说的话得有多难听,多恶劣啊。当然,这些都是夸张,只是把"人言可畏"四个字用比较形象生动的方式表现出来罢了。上例中,显然没有把握住成语的真正含义,这并非一个褒义词,相反是带有贬义色彩的成语。

👍现实中的温良谦逊者一到网上就开始站队分敌友、偏执走极端,恨不能积毁销骨。

👍张大胖抓住"网络暴力"这一现象进行发挥,一个平凡人的小过失,都有可能被网友通过声讨、人肉搜索去放大到积毁销骨的地步。

jí shǒu cù é
疾首蹙额("疾首蹙额"并非痛苦发愁状)

易错指数 ★★★★☆

👎小胖看到这次全班倒数第一的分数落入自己怀中,只有疾首蹙额的份儿了。

　　因为头痛而眉头紧缩的样子，这是成语的表面义。显然"疾首蹙额"没那么简单，我们必须擦亮双眼，透过现象看本质，本质是什么呢？本质就是"疾首蹙额"并非是因为头痛而摆出来的一副痛苦样，而是表示心中怀着非常厌恶、痛恨的感情。上例中，小胖看到自己的那点可怜的分数，是痛苦啊，发愁啊，想着又要挨一顿打了，是焦头烂额，我们不能说"疾首蹙额"。

　👍电影《马达加斯加3》中，河马对长颈鹿说："我们可以组成夫妻档，就像小沈阳那样！"企鹅则说："你以为我是赵本山吗？"这些时髦的翻译，低级的幽默，不能不让人感到疾首蹙额。

jiāng hé rì xià
江 河 日 下（"江河日下"和江河没
有关系）

(易错指数) ★★★☆☆

落　日

　👇2011 年全国连发旱灾，数月未有降雨，各地水位正江河日下。

　　"江河日下"字面意思指江河中的水，由于受到地势高低的影响，水从高处向低处落下，或者说从上游流到下游，作为一个成语，往往有其比喻义，即比喻事物衰落，一天不如一天。上例中，由于连日的烈日炎炎，又是几个月的干旱，各地江河水位持续下降，不能用"江河日下"来形容，它并没有衰落，只是出现了季节性的水位下降而已。

　👍印度海军的常规舰艇队伍已经是江河日下。
　👍数字影院风光无限的侧影，正好是曾经车水马龙的老式电影院的江河日下。

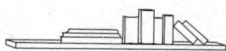

jīn zhēn dù rén
金针度人（"金针度人"即是"授人以渔"）

易错指数 ★★★☆☆

👎珠村20多位老、中、青三代巧女再现旧时妇女们穿针比巧、金针度人的生动场面。

中国有句古话叫"授人以鱼不如授人以渔"，说的是传授给人知识，不如传授给人学习知识的方法和技巧。"金针度人"即是"授人以渔"的意思，比喻把高超的技艺传授给别人。上例中，村里妇女比拼针线活，看谁穿针引线的时间最短，在此用到"金针度人"显然是只看准了身处其中的"针"字。我们也该把眼光放远一点，"金针度人"并不是说做针线活的技巧超过别人，所以犯了词不达意的错误。

👍今反观周汝昌的这些翻译理念，能予人以温故而知新的启迪，犹如金针度人一般，可助译者在具体的翻译运用中提升技艺，炼出精品。

👍随后，胡老师分别教给了大家走进"围城"的五把钥匙——识字、识人、识世、识物和识法，真可谓"金针度人"，让人受益匪浅。

jiǔ jiǎ bù guī
久假不归（"久假不归"是请假到期而不返吗？）

易错指数 ★★★★★

👎抗洪救灾形势严峻，各级领导都坚守岗位，没有擅离职守，久假不归现象，确保了人民群众生命财产的安全。

👎在这种情况下，职工自行离队，不辞而别，久假不归的现象开始蔓延，对整个队伍冲击很大。

对于"假"的理解，直接影响到这个成语未来的命运和前途，可想而知，对于"假"理解得正确与否，何其重要。这里的"假"读三声，不读四声，读音不同，意义不同，"假"并非暑假、寒假的假期之义，而是表示假借，"假"是"借"的意思。"久假不归"表示长期借用而不归还，或迷途而不知返。如此一来,这个成语确实与长期请假不归没有一点关系。上例中,想表达的是在特殊时期,领导干部并未出现请假不回岗位上班的现象,是对"坚守岗位,没有擅离职守"的补充,对于领导干部而言怎么会存在长期借用不归还呢? 这样的错误用法还有很多,罪魁祸首都在于"假"字。

👍同桌借用我的笔记本已经两个星期了,久假不归。

jiǔ náng fàn dài
酒 囊 饭 袋("酒囊饭袋"万万不可用错地方)

易错指数 ★★★☆☆

👎老爷子虽然已经年过七旬,但是身体健康胃口好,是个十足的酒囊饭袋。

121

这是在表扬老爷子,还是在咒骂人家老爷子呢? "酒囊饭袋"是个十足的贬义词,出自中国古代,讥讽昏庸君主时所说:"腹为饭坑,肠为酒囊。"表示只会吃喝,不会做事,常用来讥讽无能的人。上例中,表示老人家胃口好,能吃能喝,这是老人的福气啊! 怎么能用"酒囊饭袋"来形容呢?

👍这位篡权上台的皇帝就是一具没有思想、没有人味的酒囊饭袋、木头桩桩、行尸走肉。

👍李宗盛甚至直接指出,大部分唱片公司缺乏挖掘好歌手的眼光,酒囊饭袋太多,导致生产的作品都成了垃圾。

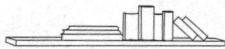

K

kāi mén yī dào
开门揖盗（"开门揖盗"不是开门抓强盗）

易错指数 ★★★★☆

👎面对几次潜入小区妄图行窃作案的李某,早有准备的业主们开门揖盗,小偷终于落网。

　　准确理解"开门揖盗"关键在于是否能准确理解"揖"字。"揖"左边是"扌"旁,说明字义与手有关。"揖"的本义拱手行礼,即双腿站直,上身直立或微俯,右手握拳在内,左手在外,双手合于胸前,是古代宾主双方见面时的一种礼仪。也称"拱"、"作揖"。"开门揖盗"即开门遇到小偷强盗,不仅不制止,反而还行拱手礼仪,欢迎对方进入。比喻引坏人进入,招致祸患。上例中,把"揖"理解成了"抓",即开门抓强盗小偷,与正确意义恰恰相反。

👍女子开门揖盗,装修工人上门安装热水器时偷走了金项链,拿走了鼠标。

👍当窃贼还在百般抵赖时,收了窃贼600元好处费后便开门揖盗的保安员已经早早交代了他们的犯罪事实。

kōng gǔ zú yīn
空谷足音（"空谷足音"并非曲高和寡）

易错指数 ★★★★☆

👎高原高喊的"大家团结起来",顿成空谷足音,孤掌难鸣。

　　"足音"即人走路时发出的脚步声,"空谷足音"即人长期生活在空旷寂静的深山老林中,过着离群索居的日子,突然听见有人的脚步声,心里感到无比欣喜。比喻十分稀罕,特指极难得听到的音信、言论或者事物。"空谷足音"表达这一丝微弱的声音极其难得、极其稀罕,听了使人欣喜振奋。例句中的口号,是势单力薄、难成气候、孤掌难鸣,并不是极为罕见,值得人为之欢欣鼓舞的"空谷足音"。

👍广州美术学院雕塑家胡博教授将其三十余年的创作心得与个人精神境界的精髓集结成《空谷足音——胡博的雕塑与思想》出版。

👍在我们这个有欲望、缺理性、无信仰的时代,这位物理学家的人文思考成为当前一望无际的价值荒原上的空谷足音。

L

lì tòu zhǐ bèi
力透纸背(不是所有人用力写字都叫"力透纸背")

易错指数 ★★★☆☆

👉小胖写字不注重笔画书写,只是一味地用力写到力透纸背。

不是所有牛奶都叫"特仑苏",当然也不是所有人写的字,都能称得上"力透纸背"。什么人写字才有资格称其是"力透纸背"呢? 首先,最基本的要求就是字要写得好,字写不好的,光是一笔一画地用劲写,哪怕是字都从纸张背面清晰印出来了,纸都被写破

力透纸背的书法作品

了,也不能叫"力透纸背",那叫使蛮劲。其次,这个"力透纸背"的"力"是巧力,是形容写字笔力遒劲。最后,针对的对象一般是书法家、大文豪书写的字。上例中,小胖不是书法家,小胖写字还没有掌握书写要义,字都不能称得上写得好,哪里能说他的字"力透纸背"呢? 另外,"力透纸背"还可以形容文章立意深刻,词语精炼。

👍他用行楷书写的"北京精神"四个大字,每个字都在三尺以上,力透纸背,大气磅礴,足见其书法功力之深。

👍如果不对社情民意了然于胸,又怎能写出力透纸背的高质量提案呢?

liáo yǐ zì wèi
聊 以 自 慰("聊以自慰"和无聊没有关系)

易错指数 ★★★☆☆

👎这部影片居然选择了 11 月 11 日光棍节上映,不知是不是为了让无聊的光棍们可以聊以自慰。

上例中,光棍节的悲情氛围中,落魄的光棍们形单影只,没有爱侣陪伴身边,无聊的时间恰巧可以去电影院看电影安慰自己寂寞的心灵,正好打发这个悲情的光棍节。很多人都把这个成语理解为在无聊的时候凭借什么东西来安慰自己,这样实际上是错误地理解了"聊"的意思。"聊"在这个成语中并不表示无聊,而是表示姑且,"聊以自慰"即姑且用什么东西来安慰一下自己。这样理解,上例中的表述就有不恰当的地方了,因为"无聊"的"聊"并不等于"聊以自慰"的"聊"。

👍看到同龄的各位都是部级干部,确有羡慕之心,但有一点聊以自慰,他们没有我的自由,没有我的闲暇,也没有我这样可以随便讲话的机会。

👍如果说里皮还能以恒大的进攻能力聊以自慰,那北京国安队主教练帕切科当天则是输了个干干净净。

lǚ shì bù shuǎng
屡 试 不 爽 ("屡试不爽"并不等于"屡试不第")

易错指数 ★★★☆☆

👎大学毕业以后,他四处奔波找工作,但却屡试不爽,至今仍待业在家。

对"屡试不爽"理解的偏差主要出现在对"爽"的理解上。"不爽"不是"不高兴"、"失败"的意思,而是"没有差错"的意思,"爽"的意思是

"差错"、"失误",因此"屡试不爽"的意思是经过多次实验都没有任何差错和失误的地方,而不是"多次尝试都让人不高兴"的意思。上例中,显然是把"屡试不爽"理解成了"屡试不中"、"屡试不第"的意思,"不中"和"不第"都是表示不成功,和"屡试不爽"恰巧意思相反。

👍"集中优势"是兵法的真谛,现在在各个行业中,这一原则也成了屡试不爽的指导思想。

👍骗术屡试不爽,余姚男子一年骗了50多辆电动车。

＊M＊

míng rì huáng huā
明 日 黄 花("明日黄花"到底是蔫了还是没蔫?)

（易错指数）★★★★★

👉对于凭借电视剧《宫》红遍大江南北的杨幂来说,她的前途就似明日黄花,不可估量啊!

菊 花

今天看着这菊花开得正灿烂,一脸春风得意样儿,但是一夜过去,经历雨打风吹后,明日的菊花还是这么灿烂吗? 当然不是,明日的菊花会凋谢得黯淡无光,无人去欣赏。"明日黄花"就此诞生。原本是说农历九月初九重阳节过后,菊花就过季了,逐渐萎谢凋零,后多比喻过时的东西。人们往往觉得过时的东西就是旧的,旧的就应该是以前的,而只有"昨日"在时间上和"以前"是保持一致的,久而久之,也有"昨日黄花"一说,即比喻过时的东西。"明日"则反而让人有点纠结,明日的菊花不是应该含苞欲放,娇艳欲滴吗? 若是娇艳欲滴,生机盎然状,那岂不是与"过时"之义相反了吗? 上例中,就错误地把握了"明日黄花"的含义,以为是正当红,或是前途无量的意思。上例中,杨幂作为内地新一代四小

花旦之一,片约不断,拿奖拿到手软,定是前途无量,怎么又会是明日黄花的落魄残像呢?

👍昔日"香饽饽"成明日黄花,各地纷纷探索 IC 卡公用电话亭的"重生之路"。

👍在单杠预赛结束后,陈滢则豪言中国队的单杠是世界最强,日本等队已是明日黄花。

mò zhōng yī shì

莫 衷 一是("莫衷一是"的主语是复数)

易错指数 ★★★☆☆

👎我这是去还是不去啊,在去与不去之间,我莫衷一是。

成语中的"莫"表示不能,是个否定词;"衷"表示决断;"是"与"非"相对,即"辩明是非"的"是",表示对的,正确的意思。"莫衷一是"即大家不能得出一致的结论。使用这个成语有一个前提,即在大家的看法、意见不同的前提下,大家无法得出统一结论。离开了这个前提,没有了众说纷纭,没有了议论纷纷,没有了大家的参与,是不可能莫衷一是的。上例中,"我"单单一个人,怎么能使用"莫衷一是"呢?"莫衷一是"要靠大家共同决定。

👍中国版图的形状究竟像什么,人们众说纷纭,莫衷一是。这或许与历史有关,或许与意识有关,或许与想象有关,或许与时代有关。

👍百年来,学界对于儒家、儒教是否为宗教,议论纷纷,莫衷一是。

pāi àn ér qǐ
拍案而起（因愤怒而拍还是因欣喜
而起？）

易错指数 ★★★☆☆

👎看到这幅字画，收藏家顿时露出喜出望
外的表情，拍案而起。

几　案

古代的"案"就是我们现在所说的桌子。"拍案而起"就是"啪"的
一声，手用力拍打在桌子上，然后站起身来。不禁有人要问为什么要拍
桌子起身呢？这个问题如果解决了，人们也就不会再把它放错地方了。
人们高兴了，会拍桌子；人们落寞了，会拍桌子；人们后悔了，会拍桌子；
人们偶遇知音，会拍桌子。但"拍案而起"只包含着人的一种情感，那就
是愤怒，并不是说人们只有在愤怒时，才会拍案而起，但拍案而起，必定
是因为内心的愤怒。上例中，收藏家既然是喜出望外，有喜哪儿来的
怒呢？

👍《新还珠格格》在台湾上映遇冷，反响平平，原著作者琼瑶拍案而起怒
斥剧情被恶搞。

👍毛泽东在《别了，司徒雷登》中写道："闻一多拍案而起，横眉怒对国民
党的手枪，宁可倒下去，不愿屈服。"

píng fēn qiū sè
平分秋色（几方才能平分秋色？）

易错指数 ★★★★☆

👎四款车型外观对比，各有千秋，平分秋色。

👎6月的市区住宅成交榜上，东区、西区和北区的楼盘平分秋色。

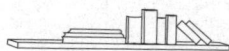

几方才可以平分秋色呢？答案是有且只有两方。"平分秋色"只能够用在两方之间，就如同爱情，永远只有两个绝对主角，再多出一个，那就是违背伦理道德的第三者，这样的爱情里会险象环生，矛盾重重。"平分秋色"比喻双方各占一半,不相上下。上两例中，一个是4,一个是3,都大于2,显然就容易出错。

👍中国空调市场中变频空调的关注比例达到了50.4%,较2010年提高了18.0%,与传统定频空调平分秋色。

👍前两局争夺,两人平分秋色,到决胜局争夺,对手失误增多,他赢了,上演完美大逆转。

✲Q✲

qī qī ài ài
期期艾艾("期期艾艾"指口吃)

易错指数 ★★★★★

👎邻家女孩范晓萱期期艾艾地唱"我一个人唱歌,连声音都是冷的"。

👎老民歌的期期艾艾,黄土酸曲儿的哀哀怨怨,虽然流在骨血里,却被摇滚乐激情澎湃的昂扬牵引向另一个方向。

电子书《口吃者圣经》

看着"期期艾艾"四个字,不免让人想起中国古代女词人李清照写的"寻寻觅觅,冷冷清清,凄凄惨惨戚戚"。虽然都是叠音词,但是各位乡亲父老,请睁大眼睛看清楚了,这首词中可没有"期期艾艾"四个字,大家就不要一片好心非要把它们撮合到一块了。"期期艾艾"这个成语其实是两个故事的集合,故事都来自有口吃的历史人物。汉代大臣周昌为人正直,敢于直言,但他口吃,说起话来很费劲。一日,朝堂上,刘邦提出关于废立太子的事情,周昌脱下官帽道:

"臣口不能言,然臣期期知其不可!陛下欲废太子,臣期期不奉诏!""艾艾"来自三国时魏将邓艾的故事。邓艾有口吃的毛病,说话时称自己是"艾……艾……"。后来,人们把这两个故事结合在一起,就有了成语"期期艾艾",形容口吃的人说话结巴。上两例中,都错误地把"期期艾艾"和"冷冷清清,凄凄惨惨戚戚"联系在一起,实则大错特错,这要真让范晓萱看见了,让人家情何以堪?陕北民歌虽然凄凄惨惨,哀婉悲绝,但是也不能是期期艾艾啊!

👍父亲期期艾艾说了半天她才弄明白他是来借钱的。

👍为什么有的人提起笔来洋洋万言,笔下生辉,说起话来却期期艾艾,不知所云。

qī yuè liú huǒ
七月流火("七月流火"并不火热)

(易错指数)★★★★★

👎重庆夏天的炎热酷暑可以用"七月流火"来形容。

凉爽的秋天

"七月流火"是一个很古老的成语,最早出现在《诗经》中,"七月流火,九月授衣"。这里的"七月、九月"都采用中国传统历法,即我们常说的农历或阴历,是相对阳历而言的,阴历七月相当于阳历的八、九月份。"流火"是指天象中的大火星渐渐西偏,古人认为大火星向西迁移坠落,预示着天气将渐渐变得凉爽。这两句诗的意思是说我们中国农历七月一过,天气就渐渐转凉,随着季节变化,到了农历九月,就要开始多穿衣服了。所以"七月流火"并非是说七月的天气像火一样炽热,与之相反,它表示天气渐凉。

👍七月流火,夏去秋来,同学们,新的学期已伴随着金秋而至。

129

错词清道夫

qiū háo wú fàn

秋毫无犯("秋毫无犯"特指军中纪律)

易错指数 ★★★★☆

👎5万~8万人口的生态城镇,对湿地保护区以及栖息此地的鸟类秋毫无犯。

👎犯罪嫌疑人的作案动机难以确定,虽抢走李某100多元,但对李某身上几千元的首饰,却秋毫无犯。

"秋毫"指秋天鸟兽身上新长出来的毫毛,后用来比喻极其细微的东西。"秋毫无犯"即一丝毫毛也都不敢据为己有,特指军队不侵犯人民的一针一线,不拿老百姓一丁点东西。因此,"秋毫无犯"是有特定对象的,特指军队、军人对老百姓秋毫无犯,这一严明的纪律并不针对普通大众。上两例中,生态城镇并非是军队;犯罪嫌疑人也非现役军人,就更是谈不上军纪严明,秋毫无犯了。

👍3000余名救灾子弟兵自觉遵守纪律,对百姓秋毫无犯。

👍他们分散住在群众家里,睡在草铺上,纪律严明,秋毫无犯,一路宣传抗日。

R

rén fú yú shì

人浮于事("人浮于事"是人多事少)

易错指数 ★★★★☆

👎他做事总是一副敷衍了事的样子,人浮于事,一点也不脚踏实地。

"浮"并不是我们常说的飘浮的意思,"浮"有一个很新颖不常用的意思,即表示超过。"人浮于事"就是人多事少或人员过多。上例中,把"浮"理解为飘浮在表面上,做事不认真,不脚踏实地,常常是浮于表面,而不够深入，这里显然是误解了"人浮于事"的真正要义。

👍机关工作人浮于事，多几个人无所谓，少几个人"地球也照转"。

👍有些部门机构臃肿，人浮于事。

👍人浮于事的结果就是效率低下和腐败丛生。

rěn jùn bù jīn
忍俊不禁（"忍俊不禁"是笑了还是没笑？）

易错指数 ★★★★☆

👉他站在这高高的悬崖边上，虽然有点哆嗦，但是还是强装镇定，露出一副忍俊不禁的表情。

"忍俊"有"含笑"的意思，"不禁"表示控制不住自己。"忍俊不禁"即控制不住自己的笑容，笑了出来。本来是想要憋着不笑的，但是实在是憋不住啊，还是笑了出来。很多人在使用时，常常把它理解为忍住没笑出来，憋出一副一本正经的样子。上例中，他站在悬崖边上，虽然都直打哆嗦了，但是还是强装淡定的样子，不惧不惊，若无其事。试想都陷入如此境地了，他又怎么可能控制不住地笑出来呢？显然是前后矛盾的。

👍他在微博上尽显铁汉柔情，时不时也不忘来段冷幽默，让大家忍俊不禁！

👍宫崎骏《龙猫》中的龙猫造型给人印象深刻，尤其是雨中打伞的憨厚模样更是让人们忍俊不禁。

＊S＊

sān rén chéng hǔ
三人成虎（"三人成虎"到底有没有老虎？）

易错指数 ★★★☆☆

131

错词清道夫

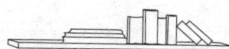

👎刘备、张飞、关羽三人各有所长,加在一起就是三人成虎,所向无敌啊!

战国时,天下大乱。一日,有人气喘吁吁地跑来告诉国王,街市上有老虎出现,国王不屑听。第二个人又装模作样地跑来给国王说:"街市上有老虎出现。"国王这会儿就迟疑了,半信不信。到第三个人再来国王跟前说了同样的话后,国王还真信了。但是街市上哪来的老虎啊?连个老虎影子都没有。"三人成虎"的故事由此而来,比喻谣言重复了很多次,就能使人信以为真。就像鲁迅所说:"世上本没有路,走的人多了也便成了路。"街上本没有老虎,说的人多了,就真以为有老虎了。上例中,把"三人成虎"错误地理解为"三剑客"团结起来所向披靡,力量强大到可以做老虎称王。这种仅凭字面意思来断章取义的做法和真实意思可能相距甚远。

👍对于众口铄金、三人成虎这一点,名人体验肯定更深刻,历史上比如阮玲玉一类的例子也不少。

👍三人成虎固然源于谣言多人重复述说,但如果官方信息有足够的公开度,有证据摆证据,有细节亮细节,猜忌就不会出现。

shǎn shuò qí cí
闪烁其词("闪烁其词"非赞美)

易错指数 ★★★☆☆

👎他的口才极好,常常能够引经据典、妙语连珠、闪烁其词,让人很佩服。

"闪烁其词"到底能不能和引经据典、妙语连珠一起使用?"闪烁"即光亮晃动不定、忽明忽暗,用在人的言语上,"闪烁"就变成了说话躲躲闪闪,内容不明确,吞吞吐吐,不肯透露真相或回避要害问题。可以说是一个贬义词,那这样一个贬义词怎么就和褒义词放到一块儿了呢?上例中,把"闪烁其词"和"引经据典"、"妙语连珠"放在一起,想要说明其言语表达处处都有闪光点,说话内容精彩,像星星一样璀璨夺目,但这正和"闪烁其词"的真实意思背道而驰。

👍面对大伯的询问,该男子闪烁其词,表情很不自然,大伯识破了他的谎言。

👍这样的人在提建议或指正别人错误时,要么闪烁其词,要么吞吞吐吐、绕半天弯子。

👍在面对民警盘查时,两名男子闪烁其词,民警随即将二人带回派出所。

shēn wú cháng wù
身 无 长 物(长物≠长处)

(易错指数)★ ★ ★ ★ ☆

👎他从小生活在农村,没有条件培养出一点像样的兴趣爱好,进了大学才发现,比起城里的同学,自己真是身无长物。

　　"长"指多余,"长物"是指多余的东西。指人除了自身以外,身上穷得再没有一点多余的东西了,形容极其贫穷。看来"长物"是和钱财物件有关,只形容人的贫穷。很多人却把"长物"跟"长处"混为一谈,认为"身无长物"指自己没有一点长处。上例中,把"没有一点像样的兴趣爱好"说成"身无长物",显然是用错了地方了。记住,长物不是长处。

👍《两把菜刀闹革命》讲的是贺龙将军家贫如洗,出去闹革命时身无长物,只带着两把菜刀,最后成为共和国元帅的故事。

👍因儿子身患尿毒症,急需进行换肾手术而又身无长物的父子二人经人"指点",做起了制销假酒的生意。

shī xīn zì yòng
师 心 自 用("师心自用"是不是学习的好方法?)

(易错指数)★ ★ ★ ★ ☆

👎在学习上要善于请教别人,多问几个为什么,师心自用才能学好。

　　"师心"即像听从老师一样,听从自己的内心,把自己内心的声音当作是老师发出的声音;"自用"是"刚愎自用"的后两个字,如果说大家对

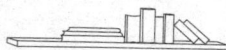

于"师心自用"还比较陌生的话,那么"刚愎自用"这个成语,大家或许在"批评界"早有耳闻,指人十分固执,过于自信,不考虑别人的意见。如项羽走到四面楚歌的悲惨境地其原因就在于他的刚愎自用。"自用"即完全按照自己的主观想法行事,不顾他人给予的正确建议。"师心"和"自用"连在一起,即形容这个人我行我素,自以为是,不肯接受别人的正确意见。明明是个贬义词,由于一个"为人师表"的"师"字,总让人把它当作是个老好人似的。上例中,在学习中要是真的师心自用了,那它离倒数第一名也就不远了,还怎么学得好呢?

👍他这种不问他国意见及不顾民意感受,师心自用的态度,即被称作"单边主义"。

👍他为人非常谦逊,不是个师心自用的人,以后定能成就一番大事业。

134

shí rén yá huì
拾人牙慧("拾人牙慧"非智慧)

易错指数 ★★★★☆

👎他说起话来总是字正腔圆、引经据典、拾人牙慧,让人不得不拍手称赞。

关键在于要搞清楚这"牙慧"是个什么东东,牙慧指别人说过的话,"拾人牙慧"比喻捡别人说过的话当自己的首创发明再说出去,形容那些没有自己独立见解,只知道人云亦云,发表老套观点的人。在感情色彩上,"拾人牙慧"是一个贬义词。上例中,既然都让人拍手称赞了,那肯定不能是"拾人牙慧",这里被人误解为了博古通今,引经据典,把别人的智慧都串成一串表达出来了,用在此处实在不妥。

牙先生

👍艺术贵在创新,如果刻意模仿他人,会给人落下"拾人牙慧"的话柄。

👍如果不分青红皂白地在作品中硬塞入几个段子,一旦有悖于整部作品的结构,就有拾人牙慧、一味搞笑之嫌了。

shí bù guǒ fù

食不果腹("食不果腹"很悲惨)

(易错指数) ★★★☆☆

为了减肥,年轻女孩常常以水果代替一日三餐,这种食不果腹的做法很受欢迎。

"食"指食物;"果"指吃饱、填饱,而不是指水果;腹指肚子。"食不果腹"指食物吃下去填不饱肚子,那为什么吃饭不吃饱呢? 难道是装秀气羞于在别人面前狼吞虎咽吗? 那是因为穷啊,没钱买米买肉吃啊,都揭不开锅了,所以过着这食不果腹的生活。后这个成语用来形容生活贫困,都到了揭不开锅的地步,就像那杨白劳似的。上例中,减肥用水果代替正餐,与贫困无关,"食不果腹"用在此处不恰当。

印度出现了粮食堆积如山,穷人却食不果腹的现象。
他们一年多前从墨西哥的贫民窟来到美国淘金,至今却过着食不果腹的悲惨生活。

135

shǒu dāng qí chōng

首 当 其 冲("首当其冲"非好事)

(易错指数) ★★★★★

目前,上海、重庆首当其冲进行房产税试点改革,既有试点之意,又有示范之意。

姚明指出中国篮球联赛改革首当其冲是外援。

上两例中,"上海、重庆率先开始房产税改革","姚明指出联赛改革首先在于外援",句子都在表示率先、首先、第一的地方用了"首当其冲"。这样的错误用法简直是多如牛毛,大多钟爱它的粉丝,只要是遇到表示第一、首先这样的意思就用"首当其冲"替换,岂不知不是处处都可以这么替换掉的,"首当其冲"只比喻最先受到攻击或者遭受灾害。上例中,无一遭受攻击或灾害,那又怎么可以用"首当其冲"呢?

错词清道夫

👍台风"海葵"来势汹汹,而与上海毗邻的杭州湾金山区,可以说是首当其冲,正面与台风交锋。

shǒu shǔ liǎng duān
首 鼠 两 端("首鼠两端"恰似"犹豫不决")

易错指数 ★★★★☆

👎袁世凯首鼠两端、诡谲多变,他先赞同变法,同时,又与保守派诸大臣保持亲密关系。在变法的关键时刻,觉察到光绪帝的软弱无力,打量维新派难以取胜,最终倒向了保守派阵营。

首鼠:即形容第一只出洞的老鼠,为了探听了解洞外的敌情,就在洞口徘徊不定,一进一出的样子。"首鼠"同"踟蹰"一样,都表示犹豫不决,徘徊不定的样子。"两端"就是事物的相反的两头。比如:上课和旷课,在上课和旷课之间徘徊不定,犹豫不决,不知如何选择,是选择去上课呢,还是选择旷课在家睡觉呢? 这种自己拿不定主意,在两者之间摇摆不定就叫做首鼠两端。上例中,袁世凯诡谲多变,行为举止前后不一致或表里不一,与"首鼠两端"无关。

👍不要首鼠两端,或安心工作或一心创业,在两个目标间徘徊的结果往往是失去目标。

👍中国足协,在如何对待留洋的问题上,一直是首鼠两端,在犹豫之中耗费了大好青春。

sī wén sǎo dì
斯 文 扫 地("斯文扫地"是说斯文吗?)

易错指数 ★★★★☆

👎是什么让平日里文质彬彬的他们如此愤怒,而不得不赤膊上阵,斯文扫地?

👎北京一教授在新浪博客上陆续贴文,用极其不雅的标题和文字,对同行极尽人格侮辱之能事,真是斯文扫地。

这里的"斯文"并不是我们说的文雅,温和而有礼貌。"斯文"是指文化或文人,并不表示文雅;"扫地"比喻名誉、信用、地位等完全丧失。"斯文扫地"指文化或文人不受尊重或文人自甘堕落,并不和鲁莽相对。上两例中,挽起袖子,赤膊上阵,那和平时文质彬彬的文雅形象是相背离的,但是并不能说明文人自甘堕落;北大教授作为传道授业解惑的人民教师,在微博上破口大骂,语言极其低俗不堪,这确实不是温文尔雅的行为,但是也无法说清他到底是不是斯文扫地。以上两处,"斯文扫地"用得都不恰当。

👍南宋一代大儒朱熹在一夜之间被整得斯文扫地,声名狼藉。

👍人们抨击教师斯文扫地,教育刊物铜臭扑鼻,别忘了追根寻源,是谁逼得教师斯文扫地?

＊T＊

tuì bì sān shè
退避三舍("退避三舍"不是躲避)

易错指数 ★★★★☆

👎海滩上,那些"蜘蛛侠"装扮的游泳者,吓得其他游客纷纷退避三舍。

"舍"是古代的度量衡单位,1 舍 = 30 里,1 里 = 500 米。春秋时,晋国答应楚国,如果两军交战,晋国会在战场上先退后三舍,三舍就是45000 米。"避"表示避让,后来"退避三舍"就比喻对人让步、不与相争。上例中,神奇的蜘蛛侠装扮,全身包裹严实,只露出鼻子、眼睛,确实有点吓人,冷不丁地能把毫无心理准备的游客吓哭,这里表示人们因为害怕而纷纷躲避,和对人让步,不与相争没有联系,完全误会了"退避三舍"的真正用意。

错词清道夫

👍中国究竟有什么新武器让美国航母退避三舍呢？

👍中国在南海问题上的退避三舍，先礼后兵，首先是顾全大局，讲"礼"和"理"，看重同有关邻国的关系。

* **W** *

wàn rén kōng xiàng
万 人 空 巷（"万人空巷"到底是哪里空？）

易错指数 ★★★★★

👎天寒地冻的年三十晚上，家家户户都是人声鼎沸，庆祝团圆年，街上几乎万人空巷。

人们看到这四个字，往往会纠结于一个问题，为什么有万人，巷子却还是空的呢？这万人和空巷多少有点矛盾，让人想不通，恰似周星驰无厘头的搞笑，完全不在常人的逻辑范围以内。我们把"万人"和"空巷"分成两个情景，第一个情景是成千上万的人从各自家门涌出来，奔向同一个地方；第二个情景是居民小区的人们都奔出去了以后，居民小区空空如也。于是就有了"万人空巷"，本指家家户户的人都奔向一个地方，以至住宅空荡荡的。原来这个"空"是指家里空荡荡，而街上则是人山人海。后形容盛大集会或新奇事物引来人们聚集在一起，人山人海的热闹场面。上例中，恰巧与成语表达的意思相反，家家户户人声鼎沸，庆祝团圆年，说明家里热闹，街上空荡荡。这个"万人空巷"就用错了地方。

👍售楼处前上演了一场万人空巷的旷世场面，整个活动现场人声鼎沸，热闹非凡。

👍西门町昨晚万人空巷。粉丝、球迷挤爆人行步道，近千球迷挤在舞台前，让林书豪感受到了台湾人的热情。

wàng qí xiàng bèi

望 其 项 背（"望其项背"有望追赶上）

（易错指数）★★★★★

👎王菲在全国连开了 14 场演唱会，以"女神"姿态再度回归乐坛，强大的人气和居高不下的上座率，让不少歌手只能望其项背。

"项"的本义是脖子的后部，"望其项背"即能够望见前面那个人的脖子和背脊。这说明自己已经落在别人后面了。如果你仅仅理解到这里，仅仅理解为自己被别人甩在了后面，那么你就只看到了一部分。它的另一部分意思是说，虽然自己被甩到了后面，但是自

己还能够清楚地看见前面那个人的脖子和背脊，说明前后差距不大，自己还有赶超别人的可能。上例中，王菲是实力派唱将，虽然退出娱乐圈多年，但是依然人气爆棚。其他歌手是怎么也赶不上她这般强大的人气和上座率的，这叫望尘莫及啊！赶都赶不上了，怎么可以说望其项背呢？

👍牙买加"飞人"博尔特成为史上首位卫冕 100 米和 200 米奥运冠军的飞人，他的闪电速度让其他运动员难以望其项背。

👍日本足球辣妹已经成了世界女足的一道风景，而走向衰落的中国女足难以望其项背。

wén bù jiā diǎn

文 不 加 点（"文不加点"的点在哪里？）

（易错指数）★★★★★

👎小胖经过老师多次指导，终于改掉了文不加点的坏毛病。

👎老师让我们给文不加点的文言文加标点，分段落。

"文不加点"用错频率极高。"点"不是我们说的标点符号，而是表

示修改,"文不加点"表示文章一气呵成,无需再做任何修改,就已经写得很完美了,形容写作技艺高超。从感情色彩上看,这是一个褒义词,并非我们之前理解的文章没有加标点符号。上两例中,都把"文不加点"理解成了一个贬义词,以为是文章中没有加标点符号,完全是望文生义。

👍我没有以口服人的口才,也没有文不加点的文才,更没有叱咤风云的干才。

👍快速作文的能力就是在短时间内彻底改变中小学生拖沓的写作习惯,让学生无论在平时作业还是考试作文时都能文不加点,下笔成章。

wén guò shì fēi
文过饰非("文过饰非"是指掩饰错误)

(易错指数) ★★★★☆

📝你这篇文章犯了文过饰非的大毛病,太过华丽浮夸,恰似金玉其外败絮其中。

文=饰,过=非,"文"、"饰"表示掩饰,"过"、"非"表示过错、过失。文过=饰非,都表示掩饰过错。"文过饰非"表示用漂亮的言辞来掩饰自己的过错。人们往往把"文"理解成文章,"饰"理解为修饰,即文章被过分地修饰夸耀,华而不实,这和成语真正表达的意思相距甚远。上例中,就把这"文过饰非"这几个字给颠覆了,完全理解为文章过分华丽,华而不实。

👍有些人喜欢文过饰非,不愿承认错误。

👍对于"港人在马尼拉遭劫持"事件,马尼拉市长辩称已尽最大努力,港人责其文过饰非。

X

xī xī rǎng rǎng
熙熙攘攘("熙熙攘攘"是稀稀疏疏的反义词)

易错指数 ★★★★★

由于这不是繁华的闹市区,人流熙熙攘攘,所以店铺生意一直不算
兴隆。

人们常把"熙"理解为是"稀",理所当然地把"熙熙攘攘"跟"稀稀
疏疏"混为一谈,"稀稀疏疏"表示宽松、不稠密。那"熙熙攘攘"呢?
"熙熙"表示繁杂的样子,"攘攘"表示纷乱的样子,"熙熙攘攘"表示人
来人往,十分热闹,这恰恰和"稀稀疏疏"意思相反。上例中,不是繁华
闹市区,店铺生意不兴隆,一个原因就在于是人流稀少,光顾的客人少。
这是门庭冷落的景象啊,怎么能用"熙熙攘攘"来形容呢?

原本熙熙攘攘的大街此时空无一人,昔日灯火辉煌的百货公司早早
熄灯打烊。

从熙熙攘攘的摊点经过,不仅拥挤,声音嘈杂,地面上还随处是垃圾,
在烈日的暴晒下,异味飘起,实在难闻。

xià lǐ bā rén
下里巴人("下里巴人"原是古代的一首流行歌曲)

易错指数 ★★★★☆

他就像《红楼梦》里刘姥姥进大观园似的,一副下里巴人样儿。

"下里巴人"是和"阳春白雪"相对应的,产生于遥远的战国时代。
"下里"即乡里,巴人指巴蜀的人民,"下里巴人"原指巴蜀一带乡野田间
的人们创作的民间乐曲,因此,"下里巴人"最初其实是一首民间乐曲的
名字,这首曲子由于是巴蜀乡间的人们创作的,所以取名叫《下里巴

141

人》。由于这首曲子,普通老百姓都会唱,普及率非常高,就像今天的《最炫民族风》或者是《老鼠爱大米》,于是"下里巴人"穿越到现代就泛指通俗的,人民大众都乐于接受的文艺作品。"阳春白雪"恰巧与之相反,表示像帕瓦罗蒂的《我的太阳》那样的美声歌曲,人们接受度不高,普及率低,通常只能在音乐厅里欣赏的高雅的文艺作品。上例中,刘姥姥从农村来到这穷奢极欲的大观园里,确实瞬间凸显了刘姥姥的乡土气息,但是土不土、潮不潮,都与下里巴人没有关系,"下里巴人"不是乡土气息的代名词。

👍书画艺术是阳春白雪,而相声则仿佛下里巴人,但阳春白雪、下里巴人,其实都是一家人。

👍在清末民初时,京剧还是下里巴人,就如同现今满街播放的流行歌曲般脍炙人口,是普通老百姓最为喜闻乐见的艺术形式,茶余饭后人人都能哼唱上几句名章名段。

xué ér bù yàn
学而不厌("厌"即满足)

易错指数 ★★★★★

👎他总是不厌其烦地反复研读经典,真可谓是个学而不厌的人。

使用这个成语的正确与否关键在于"厌","厌"是表示讨厌还是表示满足呢?我们先来看看孔老夫子是怎么诠释这个由他一手炮制的新词的。《论语·述而》子曰:"学而不厌,诲人不倦。"这句话的意思是说,做人要不断学习,不能学了一点就觉得已经够了,自己已经满足了;教育学生要有耐心,不能感到疲倦。看来"学而不厌"四个字和"学海无涯"、"学无止境"的意思相当,我们不能轻言满足。毛泽东曾说过:"对自己,'学而不厌',对人家,'诲人不倦',我们应取这种态度。"上例中,他从不厌倦学习,不能用"学而不厌"表达。

👍愿先生"学无止境"的追求成为众人的追求,愿先生"学而不厌"的精神,能够勉励处在不同年龄段的人们。

👍具备了丰富专业经验的老法医尚且学而不厌、继续深造,我们年轻法医们就更不敢松懈了。

xué ér yōu zé shì
学而优则仕(真要学业优秀才能踏入仕途吗?)

(易错指数) ★★★☆☆

👎正所谓"学而优则仕",你现在不好好学习,将来怎么能找到一份好工作?

现在我们常听说"演而优则导",徐静蕾和赵薇就是从中国内地四小花旦进入到导演行列的,她们属于演而优则导。"演而优则唱"在娱乐圈更不是什么新鲜事。这些说法最早依据的模板都来自孔老夫子的一句"学而优则仕"。很多人以为是在说学业优秀才能踏入仕途,从政为官;戏演红了,得了影后、视后了,才可以当导演,其实不然,"学而优则仕"的门槛并不高,不以你优不优秀作为准入门槛,"优"只表示多余、余力。"学而优则仕"即学习之余,你如果还有时间和精力,就可以进入仕途,学有所用,造福一方百姓。"演而优则唱"即演戏之余,如果演员还有多余的时间和精力,也可以转战歌坛。上例中,虽然道理说得很对,但是把"好好学习","找到一份好工作"和"学而优则仕"联系起来,就犯了望文生义的毛病。

👍我有力量释放了你,叫你达到学而优则仕的愿望。(老舍《四世同堂·三十四》)

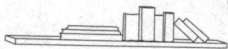

143

Y

yī tuán hé qì
一团和气（"一团和气"不是真正的和谐）

易错指数 ★★★☆☆

👎这个单位里,各部门人员之间相处和睦,积极向上,一团和气,值得辖区各单位学习。

　　"一团和气"原本是说待人接物的态度和蔼可亲,但是它玩了一把穿越之后就变了味儿了。"一团和气"穿越到当下,虽然字没变、音没变,但是意思却变了,指相互之间只顾着和和气气了,而不讲求一点原则。上例中,如果把"一团和气"用在这里,说单位各部门之间不讲求一点原则,那还配作学习标兵、学习榜样吗? 正所谓"没有规矩不成方圆",毫无规矩和原则,哪里有值得别人学习的地方呢?

👍不管是烧钱游戏的疯狂,还是体制内的一团和气,都伤害了公共利益。

yí xiào dà fāng
贻 笑 大 方（"贻笑大方"非好事）

易错指数 ★★★☆☆

👎他贻笑大方,显得十分亲切,没有一点架子。

　　"贻笑"是指让人笑话。"大方"不是与"吝啬"相对的大方,也不指行为举止自然不俗气、无拘束的样子,而是指见识广博的人或有专长的人,即专家级人物。庄子说:"吾长见笑于大方之家。"意思是说,如果我没有见过浩瀚无垠的大海,仅仅只觉得江河已经算是最气势磅礴了,那我就会长久被有见识的人所耻笑,耻笑自己是井底之蛙。"贻笑大方"就是让内行人看笑话。上例中,"贻笑大方"确实是笑了,但是我们不能只看到一个笑脸就说好啊,我们要看这笑容是讥笑、嘲笑、还是会心的微笑。倘若他被内行人嘲笑、耻笑,成为人家的笑柄,想必是难得有亲切的一面。

👍例如"破绽百出"的"绽"、"草菅人命"的"菅"等等,如果只是读"半边",必然会贻笑大方。

👍在相关法律法规似懂非懂的情况下,轻易答复当事人,往往语言中带有明显的失误和错误,一旦遇到媒体、律师或"内行人"时,就会贻笑大方。

饮 鸩 止 渴("饮鸩止渴"非望梅止渴)

易错指数 ★★★☆☆

👉在这毫无生气的大沙漠中迷失了方向,我们唯有互相鼓励,画饼充饥,饮鸩止渴,方能有希望走出大沙漠。

鸩 鸟

"鸩"传说中一种有毒的鸟,用它的羽毛来泡酒,喝了能毒死人,就像《还珠格格》里皇太后赐给香妃喝的"鹤顶红",又或是周星驰戏里的"含笑半步颠",无色无味,但是人却能在瞬间一命呜呼。"饮鸩止渴"中的"鸩"显然是指鸩酒,即毒酒。喝毒酒来止渴,这是何等疯狂啊? 比喻只求解决眼前的困难而不顾全将来可能发生的大害。上例中,明显是把"饮鸩止渴"当作了"望梅止渴",和"画饼充饥"的作用相当,如果还妄想能走出沙漠,劝你不要鼓励与你患难与共的朋友饮鸩止渴,那样就只有死路一条了。

👍以房地产泡沫推动经济增长是饮鸩止渴的行为。
👍家长说要通过虐待动物的方式来锻炼孩子的"胆量",真的是饮鸩止渴! 这样的"锻炼"不仅不会培养孩子优秀品质,反而会让孩子失去更多。

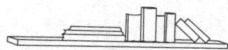

错词清道夫

145

Z

zuì bù róng zhū

罪不容诛("罪不容诛"是罪不至死吗?)

易错指数 ★ ★ ★ ☆ ☆

他虽然罪不容诛,但是触犯了法律的底线,死罪可免,活罪难逃。

我们常在古装电影、电视剧中看到朝廷发落处以乱臣贼子诛灭九族的罪行,即把罪犯的高祖、曾祖、祖父、父、子、孙、曾孙、玄孙共九代统统杀掉,做到斩草除根,一个不留。被称为明朝初年"第一孝孺"的方孝孺,被明成祖朱棣诛其十族(外加其门下弟子)。"诛"即表示杀戮,夺去生命。"罪不容诛",我们常会按照字面意思理解为罪不至死,有罪但不至于被判死刑,这恰恰和原意相反,应该表示判处罪犯死刑也不足以抵偿其犯下的罪过,形容死有余辜。上例中,死罪可免,活罪难逃,说明罪不至死,"罪不容诛"在这里被误以为是"罪不至死"的意思。

永昌县丈夫杀妻灭子后又自杀未遂的特大灭门惨案在金昌市中级人民法院第一审判庭开庭审理,法庭一审判处罪犯死刑,老百姓认为该名罪犯罪不容诛。

我们承认周克华罪不容诛,但我们的媒体却不能残忍地惊扰周克华的老母,毕竟她老人家是无辜的。

二 褒贬失当类

B

bào hǔ píng hé
暴虎 冯 河（不能向"暴虎冯河"之人学习）

易错指数 ★★★☆☆

他这样暴虎冯河，不畏危险的壮举值得我们每个人学习。

"暴虎"指徒手应对老虎，当年武松带了一根哨棒打虎已经算得上是英雄了，这位老兄可好，徒手一对一，玩单挑。"冯河"是说光脚过河。"暴虎冯河"意思是比喻有勇无谋，冒险行事，并非是赞美勇敢无畏，而是一个贬义词。孔老夫子当年说了，他是不愿意和暴虎冯河、有勇无谋、莽撞行事的人成为朋友的。上例中，既然是值得人们学习，应该用一个褒义词，而不应该用一个贬义词来表扬人。

假如他们不暴虎冯河，不鲁莽行事，而是在救人之前冷静思考，用理性的方式，既不牺牲救人者，亦能救助落水者。

bù kě lǐ yù
不可理喻（慎用"不可理喻"）

易错指数 ★★★☆☆

听说杨丽萍为了保持完美身材，在舞台上呈现最美的舞姿，她已经有20年没有碰过米饭了，真是不可理喻。

"喻"在此表示使别人明白。"不可理喻"即不能用道理使他人明

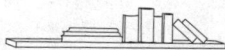

错词清道夫

白。因为总有些人是固执己见,听不进去别人说的道理的,别人和他讲不通。含有贬义色彩。上例中,听说杨丽萍20年没吃过米饭,大家表示惊讶和意外,或者很不理解,最多只能说"不可思议"。这话要让杨丽萍看到了,估计人家得不高兴了,人家也是一位在舞蹈上力求完美的艺术家,何必说别人不可理喻呢?

👍动不动就大发脾气甚至不可理喻的女人,我想没有几个男人会喜欢,更不用说将她娶回家。

👍他这种固执与傲慢,真让人觉得不可理喻。

C

chōng ěr bù wén
充 耳不闻("充耳不闻"含贬义)

易错指数 ★★★☆☆

👎每次晚自习,他都认真埋头做作业,从不和同学交头接耳,对身边发生的事也是充耳不闻。

"充"即充满,即有东西充满耳朵,耳朵就像被堵住一样。"充耳不闻"即堵住了耳朵,听不进去。如果仅仅是这样理解,那么上例中的"充耳不闻"则没有什么值得怀疑的,但是这个成语还有下半截解释,那就是听不进去别人的意见和忠告。"充耳不闻"即形容有人的耳朵像被堵住一样,故意不听别人的忠告和意见。上例中就错误地把"充耳不闻"解释成相当专心,学习认真,从而没有听到,或是不受外界干扰。硬是把我们每个同学都应该学习的榜样说成是不爱听取别人意见的师心自用的小人。看看这一个词的误用,对整个人的否定,后果得有多严重啊!

👍公交司机边开车边嗑瓜子,对于超速提醒的警告充耳不闻。

👍交通安全被一再强调,但总有一些人充耳不闻,违反交通规则的行为仍然很普遍。

处 心 积 虑("处心积虑"不等于"殚精竭虑")

易错指数 ★ ★ ★ ☆ ☆

老师处心积虑、想方设法帮助学生们提高学习成绩,期望所有学生都能跨入大学校门。

妈妈这些年每天起早贪黑、处心积虑,处处为家庭着想,我们才得以熬过最艰难的时光。

"处心积虑"在我们日常生活中,是一个使用频率极高的词语,但是对于它是褒是贬,总还是有人含混不清。"处心积虑"是指绞尽脑汁、费尽心机、蓄谋已久,千方百计谋算以达到不好的目的的行为。这个成语隐含着贬义色彩。上例中,老师为学生好,妈妈为家庭好,都不能使用这个带贬义的词语来形容,这里应该用"殚精竭虑"这个褒义词。

这个事件是无心之失而非处心积虑故意违规。

日本处心积虑侵占钓鱼岛,在岛上建建筑物标记。

蠢 蠢 欲 动("蠢蠢欲动"干坏事)

易错指数 ★ ★ ★ ☆ ☆

气象预报员说,8 月 15 日强对流天气将开始蠢蠢欲动,梅村、鸿山等地将出现较强雷阵雨。

圣诞节临近,面对商家的疯狂促销,"血拼族"蠢蠢欲动。

"蠢"下面两个"虫",表明这个字的本义和虫有关,它的本义是虫在动。"蠢蠢欲动"本义即昆虫慢慢地蠕动爬行的样子,久而久之,人们把蠕动的昆虫比喻成居心叵测的坏人。坏人在爬行蠕动即是比喻坏人在准备搞破坏。后来"蠢蠢欲动"就比喻坏人准备捣乱破坏。上例中,我

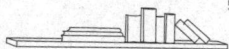

们可以非常确定,强对流天气作为一种自然天气状况,完全和坏人坏事沾不上边;圣诞节临近,面对各路商家推出的低价促销活动,喜欢购物的年轻人们开始积极筹划自己的"血拼"旅程了。"血拼族"既不是大坏蛋,购物也不是捣乱破坏。所以上两例中,都单纯地把"蠢蠢欲动"理解为准备开始行动。并没有意识到它是一个贬义词。只有坏人想做坏事了,才能说"蠢蠢欲动"。

👍不少黑客蠢蠢欲动想要攻击网络平台。

👍被我军多次打退的敌人再次蠢蠢欲动。

E

ěr tí miàn mìng
耳提面命("耳提面命"是好事)

(易错指数)★★★★☆

👎爸爸说起他那恨铁不成钢的儿子,总是会怒不可遏、横眉怒目、耳提面命。

我们必须明白一点,耳提面命≠面红耳赤,面红耳赤是形容着急、羞愧或者发怒的样子。上例中,父亲说起那不争气的儿子就是一肚子的火,愤怒得自己无法抑制,面部表情横眉怒目,就像那《三国》里的张飞,这会儿要是把最后一个"耳提面命"改为"面红耳赤",那这个句子就完美了,错就错在造句者错误地把两个词当作一回事。"耳提"提着对方的耳朵根子,口对着对方的耳朵教导对方,希望对方可以听见去,表示非常恳切地教导。"面命"表示当着面告诉别人,同样也表示十分诚恳。"耳提面命"就形容教导得恳切而严厉。这样看来,上例中把"耳提面命"和"怒不可遏"、"横眉怒目"放在一起,确实不太合适。

👍在这场焦点战中,利物浦主场迎战埃弗顿,利物浦主帅贝尼特斯耳提面命红军队长杰拉德。

👍汽车已陆续走进百姓家庭,但车多了,交通安全隐患也多了,安全行车,这一老生常谈的话题仍需耳提面命。

fěn mò dēng chǎng

粉 墨 登 场 ("粉墨登场"要分清人物场合)

易错指数 ★ ★ ★ ☆ ☆

👎冬季旅游新项目粉墨登场。

"粉"、"墨"都是搽脸和画眉用的化妆品。经过细致化妆才登台表演的是演员,经过细致化装才登场的就是坏蛋。所以"粉墨登场"这个成语有两个意思。其一,表示演员在后台涂脂抹粉,画好美丽的妆容后才登上舞台表演节目;其二,表示坏蛋要经过涂脂抹粉,乔装打扮后登上政治舞台。上例中,冬季来临,伴随着季节的变化,新兴旅游项目开始出现,隆重上市,但是"隆重上市"并不等于"粉墨登场"。我们在运用这个成语时需要万分小心,现在人们用错的频率已成上升趋势,诸如"干部职工冬季军训活动粉墨登场";"珠海航展中,航空概念股粉墨登场";"iphone 5 粉墨登场"等等都是错误用法。

👍《金枝欲孽2》已正式开拍,陈豪与关礼杰粉墨登场,陈豪画上大花脸,关礼杰则反串饰演花旦。

👍民国时期的大上海滩,各路人物都粉墨登场,演绎着历史的变迁。

151

错词清道夫

fèng máo lín jiǎo

凤毛麟角("凤毛麟角"有两个条件)

易错指数 ★ ★ ★ ☆ ☆

👎强降雨虽然给我们带来诸多不便,但也浇灭了高温,今天全国的高温地区凤毛麟角。

👎对于这辆不折不扣的 SUV,真正舍得拿它去越野的人实在是凤毛麟角。

麒 麟

"凤毛麟角"即凤凰的羽毛,麒麟的角。凤凰是中国古代传说中的百鸟之王,雄为凤,雌为凰。麒麟是中国古籍中记载的一种动物,外形像鹿,头上独角,全身有鳞甲,尾像牛尾。在中国传统中,凤凰和麒麟都是吉祥如意的象征,也代表杰出的人才。因此够格儿称得上"凤毛麟角"的人,必须要具备两个特点:第一,少见;第二,杰出、优秀。这两个条件可谓是一个都不能少。上两例中,高温地区少,但无法说它有多棒,无法证明这样的高温地区优秀杰出啊。同理,真正愿意拿自己心爱的越野车去越野的人也少,大多都是在城市各条道路上耍威风,但是我们也无法证明这样的人少并且还都是成功人士啊。所以它们都只抓住了一个"少",而忘了"优",这样就算不上凤毛麟角。

👍克鲁伊夫的足球和商业才华都达到了凤毛麟角级别,西班牙的皇马和巴萨这样的顶级俱乐部都想签下他。

👍她认为水下摄影最大的挑战是模特在水里的姿势要足够优雅,足够放松,然而能做到这一点的人却凤毛麟角。

H

邯郸学步（"邯郸学步"不值得
学习）

易错指数 ★★★☆☆

👉相比波波维奇的驾轻就熟,属于
"邯郸学步"的布鲁克斯在这套战
术的运用上还欠些火候。

邯郸学步雕塑

现在的邯郸市位于河北省南
端,被称为"国家历史文化名城",据不完全统计,由邯郸历史和相关史
书中所滋生的与邯郸有密切关系的成语典故达 1500 条之多,如"胡服骑
射"、"邯郸学步"、"完璧归赵"、"负荆请罪"、"黄粱美梦"、"毛遂自荐"、
"纸上谈兵"、"围魏救赵"等,2005 年经中国文联批准,邯郸市还被授予
"中国成语典故之都"称号。"邯郸学步"的故事就可以从这里说起。传
说当年有个爱臭美的少年听说邯郸人走路姿态优美,便一心想去邯郸学
人走路,可是学了大半个月,也没有得起要领和精髓,反而连走路都不会
了。这下可急了,只好双腿跪地爬回老家。"邯郸学步"就比喻模仿别
人不成,反而把自己原有的东西给忘了。因此,这是一个贬义词,就好似
那东施效颦,模仿西施不成,反而沦为笑柄。上例中,把"邯郸学步"理
解成是婴儿的蹒跚学步,还处于初学者阶段,还欠火候,这样的理解明显
犯了大错。

👍很多人认为对传统文化的改进,就是借鉴西方现成的东西,如加入大
提琴、钢琴等,这反而是邯郸学步,将优秀的传统文化变得不伦不类。
👍中国女排不是俄罗斯队,俄罗斯队不需要一传十分到位,因为她们有
多名强攻实力突出的攻手。中国队不具备这样的实力,切不可邯郸学
步,而应在平时的训练和比赛中磨炼好一传和防守,才能在关键时刻不

153

错词清道夫

掉链子。

hàng xiè yī qì
沆瀣一气（"沆瀣一气"不是团结一心）

易错指数 ★★★☆☆

👎面对别班同学对于我班获得荣誉的诋毁,全班同学沆瀣一气、团结一心,证明了班级的清白,捍卫了集体荣誉。

　　"沆瀣一气"比喻臭味相投的人勾结在一起。"臭味相投"又指有坏思想,坏作风的人在志趣、习惯上彼此很合拍;"勾结"更是指为了进行不正当的活动暗中互相串通。看来"沆瀣一气"只能用在坏人身上了。上例中,同学们为捍卫班级集体荣誉,团结起来,怎么能够用贬义词呢?怎么能够说同学们臭味相投呢?

👍4名恶徒沆瀣一气,以街上单身女性为侵害目标劫财作案。
👍十四世达赖喇嘛与臭名昭著的新疆民族分裂分子热比娅等人相互勾结、沆瀣一气,共同从事分裂中国的勾当,早已不是什么秘密。

＊L＊

lián piān lěi dú
连篇累牍（"连篇累牍"为流水账）

易错指数 ★★★☆☆

👎当中国选手叶诗文在伦敦奥运会上夺冠,并打破世界纪录的时候,西方媒体开始连篇累牍地对叶诗文的出色表现提出质疑。
👎西方媒体夜以继日、连篇累牍地播报利比亚反对派的活动和主张,而淡化甚至封堵利比亚政府的声音,为武力干预作准备。

　　"连篇"即篇幅很长,占据了整个版面不说还得翻页再翻页,全是一个标题的内容。"累"即积累;"牍"是古代写字的木片,在造纸术出现之前,我们的先贤都是在木片或竹简上写字。"累牍"也表示写得太多,木片都累积了好厚一摞。"连篇累牍"即形容篇幅过多,文辞过长,本可以三两句话说清楚的事情,非要写成流水账,啰啰嗦嗦。该言简意赅表达的我们就不要连篇累牍,这是一个贬义词。上两例中,并不是说篇幅过多,文辞过长,而是说各家媒体都在纷纷报道同一件事,报道的次数太多。

👍我们写作文切不可犯连篇累牍的毛病。

梁　上　君　子("梁上君子"非君子)

易错指数 ★★☆☆☆

👎他刚正不阿、为人坦荡的品质,周围人都看在眼里,夸他是位梁上君子。

155

古代,"君子"是对人的尊称,常常指为人坦率,做事诚实,重信用,凡事说一不二,品格高尚的人。我们历史上关于君子的俗语、谚语有很多,统统都是把君子形容得好之又好,如"君子一言,驷马难追","举棋不定非君子也","天行健,君子以自强不息",还有"君子爱财,取之有道"。不禁有人要问,那为什么梁上的君子就非君子呢?话说在一个民不聊生的饥荒年代,一位老兄想着去有钱人家干点偷鸡摸狗的事情来填饱肚子。不料,正在偷窃,主人却进门了,他怕被主人发现,便躲到了主人家木制的房梁上,这便有了"梁上君子"一说。正所谓"君子爱财,取之有道",那些通过非法途径获取财物的就叫做"梁上君子"。上例中,明明是表扬来着,硬是用了个污蔑别人的"梁上君子",既然不是道貌岸然的小人,那么又何来梁上君子?

👍我们应该把做正人君子视作我们的人生信条,而不应该误入歧途当

错词清道夫

一个梁上君子。

👍一个晚上连偷三家的梁上君子唐某,近日终于在偷第三家时"露馅",被群众当场抓获。

M

mù wú quán niú
目 无 全 牛("目无全牛"是褒义)

易错指数 ★★★★☆

👎工作缺乏通盘考虑,目无全牛,顾此失彼,这是许多人干不好工作的重要原因。

"目无全牛"这个成语来自于"庖丁解牛"的故事,说的就是杀牛专业户庖丁,每日杀牛,把杀牛这活儿练就得炉火纯青,看见一头活生生的牛,便仿佛能看见牛皮毛以下的骨骼关节,知道从哪儿下手动刀。比喻技艺高超,技术娴熟到了得心应手的地步。人们在使用这个成语时常常会犯上例的错误,即把它错误地理解为没有从整体上把握,只看到了局部,形容目光短浅或视野狭窄。

👍经过一番机械式的训练,学生都可以达到目无全牛的境界,成了标准的"庖丁"。

P

píng tóu pǐn zú
评 头 品 足(做人切勿"评头品足")

易错指数 ★★★☆☆

👎关于我们的市政规划建设,欢迎各方学者和领导评头品足,提出宝贵建议。

"评头品足"最初指轻浮地不怀好意地议论女性的外表容貌。现在多比喻对人对事说三道四,在背后说风凉话,故意挑刺。看来,古往今来,这都是一个贬义词。上例中,欢迎各方学者和领导提出宝贵意见,把"评头论足"和"宝贵意见"连在一起,显然是犯了词语贬义褒用的错误。"评头品足"、"评头论足"或者"品头论足"都是一个意思,都是贬义词,都不可贬义褒用。

👍当被记者问到是否会追生女儿时,大美人李嘉欣淡定地说:"我一生被人评头品足已经够了,不想女儿一出世便要背负这种压力,样子会被拿来跟妈咪比,对小朋友成长是有影响的。"

👍对组织安排必须坚决服从,如有个人情绪应按正常渠道反映、通过理性方式表达,切不可散布不满情绪、评头品足、消极对待。

✳Q✳

qiǎo shé rú huáng
巧舌如簧("巧舌如簧"形容花言巧语)

(易错指数) ★★★☆☆

👎七招人际沟通的法则,让你变得巧舌如簧。

簧 管

"簧"不是指弹簧,而是指乐器中用以发声的薄片。通过乐器里面的薄片发出美妙的旋律,这就是簧的作用和功能。"巧舌如簧"是说舌头就像那簧片一样可以发出美丽动听的声音,形容花言巧语,说得很动听,常用来指那些居心不良的人。因此这也是一个贬义词,万万不可贬义褒用。上例中,掌握七招人际沟通的法则,可以让人们在处理人际关系方面得心应手,知道跟不同的人说话的风格特点,从而达到良好的沟通效果。例句中是要表达褒义色彩,不能用"巧舌如簧"。

错词清道夫

👍平时爱吹牛的李明，其貌不扬却巧舌如簧，自称没有办不成的事，凭借三寸不烂之舌，骗了很多精明人。

👍一名文化程度不高，却巧舌如簧的无业男子，隐瞒其真实身份，以投资煤矿、赠送房产等名义骗取情人 29 万余元。

qìng zhú nán shū
罄竹难书（"罄竹难书"要慎用）

易错指数 ★★★☆☆

👎一日女友过生日，男友买一复古竹简，上面刻满了恋爱的甜言蜜语，可还嫌不够，当面赠送时还嘱咐道："我对你的爱如滔滔江水，绵延不绝，因此这小小竹简实在是罄竹难书。"女友当场晕厥。

我们常看到某某楼盘写着广告标语，提到"售罄"两字，"售"表示卖，"罄"就表示尽、完。"罄竹难书"的"罄"也是这个意思，"书"表示罪状、罪刑。"罄竹难书"意思就是把用来写字的竹片都用完了，但是罪状还没有罗列完。比喻罪恶很多，难以说完。上例中，这哥们说罄竹难书，罗列的可是女友的野蛮罪行，女友能不晕厥吗？再说前面既然已经说了甜言蜜语了，又怎么会有后面的罄竹难书呢？

👍臭名昭著的银行劫匪周克华犯下八起命案，枪击数人，死伤惨重，罪行可谓罄竹难书。

👍仅"太原集中营"存在的 7 年间，日军就杀害了 4 万多中国战俘，其暴行罄竹难书。

qū zhī ruò wù
趋之若鹜（"趋之若鹜"都干坏事去了）

易错指数 ★★★★★

👎虽然豪宅价值不菲，不过美轮美奂的风景还是让富豪们趋之若鹜。

👎夏洛特·奥林匹亚 2012 新款女鞋春夏系列，彩虹色高跟鞋，超高防水台,令超级女明星们趋之若鹜。

野 鸭

"趋"的本义表示快步走。在古代"走"的本义是跑,"跑"的本义是急走,这些都颠覆了我们现在对这些字的理解。"鹜"的本义是野鸭。按照字面意思来理解,即是像野鸭子一样嘎、嘎、嘎的成群结队地摇摆着向前疾步走去。中国古代传统把"鸭子"看做是愚笨的象征,而用鸭子来作比喻,显然这个词语也是含贬义的,用鸭子比喻成群的人追逐不正当的事物,或比喻许多人争着去追逐不好的东西。上例中,富豪们买豪宅,本没有什么错误可言,也不是什么不正当或不好的事,只要是取之有道,没什么不可以。女人对漂亮高跟鞋的追逐,又有什么错呢?

👍盗版业背后潜藏着的巨额利润,让许多不法商贩趋之若鹜。

S

上 行 下 效（上梁不正下梁歪）

易错指数 ★★★★☆

👎中央力推的"文资新政"为各级政府上行下效。

"上行下效"即上面怎么做,下面就效仿着怎么做。"上下"针对上级和下级之间,长辈和晚辈之间。国王喜欢吃什么,群臣也就喜欢吃什么;国王喜欢穿什么,群臣也就喜欢穿什么;国王喜欢人家奉承,自然群臣也就常奉承大王。这就叫做溜须拍马,投其所好。自然,这就变成了贬义词,通常是指上面怎么做坏事,下面的人就跟着怎么做坏事。上例中,中央推行政策到地方,不管政策是什么,总是不会有错的。又怎么来的"上行下效"呢?

错词清道夫

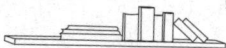

👍县委大楼盖得高,那是因为省委大楼盖得更高,留下了坏榜样,上行下效的结果。

👍司马炎在生活上由提倡节俭到奢侈腐化,上行下效,西晋社会风气也开始败坏,官僚大臣争相贪污敛财,炫富比富。

shǐ zuò yǒng zhě
始作俑者("始作俑者"是黑道上的带头大哥)

(易错指数)★★★★☆

👎说到快闪店,就不能不提及其始作俑者日本著名时尚设计师川久保玲。

俑

　　还记得蔡依林有首老歌《始作俑者》,大概是说在爱情中遭遇了男友的背叛,男友喜欢上了别的女生,最后酿成两人分手的悲催结果。歌词里有一句"她不是始作俑者",歌曲是想说,爱情出了问题,始作俑者不是第三者,而是两个人感情本身出现了问题。那么"始作俑者"到底是什么意思呢?"俑者"即是像秦始皇陵兵马俑一样,是用陶或木制作的用以陪葬的人偶,孔老夫子非常反对这样的陪葬方式,曾说:"始作俑者,其无后乎!"意思是最早发明用俑来陪葬的人,大概是不会有后代的。后用"始作俑者"比喻恶劣风气的开创者或者带头做坏事的人。这是一个不折不扣的贬义词,同志们切勿贬义褒用啊! 上例中,"快闪店"

作为一个时尚界的术语，指的是一种不会在同一个地方久留，以毫无宣传、突然出现的方式经营时尚用品，然后又迅速消失的一种时尚店铺。快闪店的始祖是川久保玲，但她可不是始作俑者。

👍多地多起抢劫杀人案件的始作俑者周克华在重庆与警方的交火中被击毙。

👍至今我们都没有找到造谣"葡萄致癌"的始作俑者，也没有任何科学的证据表明吃葡萄会致癌。

T

tán guān xiāng qìng
弹冠相庆（可"相庆"，但可别"弹冠"）

易错指数 ★★★★☆

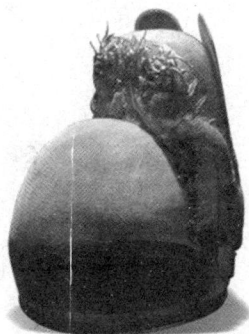

皇帝的冠

👎在毕业照"咔嚓"那一刻，同学们纷纷脱下博士帽，把它抛向头顶，弹冠相庆。

"冠"是帽子的意思，如"怒发冲冠"即是说愤怒得头发都竖立起来了，顶到了帽子。"弹冠"即弹去帽子上的灰尘。"弹冠相庆"即弹去帽子上的灰尘，相拥而庆祝。庆祝什么呢？庆祝自己的兄弟哥们要做官了，自己也将有官可做，多用于贬义。正所谓"一人得道，鸡犬升天"，后指不怀好意的人得意得瑟的丑样儿。上例中，能够读到博士毕业，那可是天之骄子啊，国家的栋梁之材，凭自己的真本事，哪里会依托别人做官而暗自庆幸自己前途一片光明呢？

👍姚明退役后，亚洲诸强们弹冠相庆。

👍有人公开质疑叶诗文服用兴奋剂，令国外少数媒体闻讯弹冠相庆！

错词清道夫

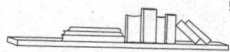

tàn wéi guān zhǐ

叹为观止（为啥而叹啊？）

易错指数 ★★★★☆

👎重庆文强案中,办案人员陆续从文强名下的几处房子中搜出了两千万现金、象牙制品、国家级文物、名烟名酒无数,他的贪污腐败罪行真是让媒体和民众叹为观止。

话说一日吴国的贵公子季札到鲁国去,鲁国用舞乐招待他。季札精通舞乐,一边欣赏,一边评价着。当吴国贵公子看到舜时的乐舞时,十分赞美,感叹地说:"看到这里够了,后面的节目就不必再看了。"即节目表演可以停止了,观众不用继续欣赏了。看到这么精彩的节目,后面再精彩的节目也不用看了。"叹为观止"因此而来。赞美所见到的事物好到了极点。它是一个褒义词,用以形容事物好的一面。上例中,文强真成了21世纪中国最大贪官了,贪了那么多,又是黑社会的保护伞,纵容黑社会横行霸道,种种行为经媒体披露以后,着实让人大吃一惊,面对这么一个大恶人,你能hold住? 还去赞美他?

👍以"食物,从何而来?"为主题做的这期视觉食物展,令人叹为观止!漂亮至极!

👍鱼缸电梯让你在乘坐电梯的同时欣赏到精彩的海洋世界,其美景真叫人叹为观止。

＊W＊

wú suǒ bù wéi

无所不为（"无所不为"坏事一箩筐）

易错指数 ★★★★☆

👎为了养活一家人,这些年来,爸妈去河里拉过沙,在煤矿里拉过煤,在小餐馆打过工,真是无所不为。

👎米卢在球场之外,除了不谈足球、旅游、美食、游戏,无所不为。

　　"无所不为"即"无所不干",没有干不了的事,但是在感情色彩上它是一个贬义词,一般通常指什么坏事都干或者干尽了坏事。上例中,父母为了整个家庭,为了全家老少的生活,干过很多苦差,这应该是很感动的事,不该用"无所不为"。再说,旅游、美食、游戏,谁不爱啊? 你又不是那山上的神仙,不食人间烟火,哪里来的"无所不为"呢?

👍黑中介坑蒙拐骗无所不为,公安、法院,它谁也不怕。

👍男子醉酒后冲入小区,砸车、打小孩、抢手机,无所不为。

X

xìn shì dàn dàn
信誓旦旦(千万别相信"信誓旦旦")

易错指数 ★★★☆☆

👎中国人民志愿军战士站在鸭绿江头,信誓旦旦地说:"誓死保卫中国领土不被侵犯,把洋鬼子打回美国。"

　　"信誓旦旦"来自于古代一个很悲催的故事,曾经青梅竹马、两小无猜的神仙眷侣,结果男人变成了陈世美,害得女子只得独自黯然神伤,想起他当年的信誓旦旦,一切都变成了浮云! 从此便有了"信誓旦旦"。"信誓"表示真切可信的誓言,"旦旦"表示一副对天发誓愿意赴汤蹈火也在所不惜的诚恳样子。"信誓旦旦"即誓言说得非常诚恳、坚决,令听到的人无不为之动容和深深地信任对方,信誓旦旦的誓言其实是不会实现的。"信誓旦旦"就是讽刺曾经发誓但又没有兑现承诺的事实。因此,"信誓旦旦"是一个贬义词。上例中,中国人民志愿军打得漂亮,为我们中国扬眉吐气,诺言变成了现实,就不能用"信誓旦旦",只有当诺

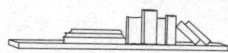

错词清道夫

言永远处于空中楼阁状态时，才能说"信誓旦旦"。

👍就在巴洛特利公开自己和珍妮有染前，他还信誓旦旦地对英国媒体表示自己深爱着女友拉法埃拉。

👍相信我们很多人都会有过这样的经验，一开始信誓旦旦地实行自己的储蓄计划，但执行一段时间后就会经常忘记计划。

Y

yì měi zhī cí
溢美之词（"溢美之词"要慎用）

(易错指数) ★★★★☆

👎看了"最美女教师"的英勇事迹后，全国各地爱心人士纷纷在微博留言，用尽溢美之词对"最美女教师"表达了赞美和钦佩。

　　"溢"本义是指水太多了，超过了容器本身的容量，从容器中漫出来。同样的道理，太多赞美、表扬的词语堆积在一起，就像水从容器中漫出来一样，也就不是真正的夸赞了，而变成了溜须拍马、不切实际。"溢美之词"即过分夸奖，因此"溢美之词"是一个带贬义色彩的成语。上例中，对于最美女教师，舍身救人的壮举，我们无需溜须拍马，这对我们没有任何好处，既然是打心眼里的赞美和钦佩，就不能用"溢美之词"。

👍如今普洱茶的蹿红速度几乎可以用"疯狂"二字来形容，减肥、降压、防癌抗癌、抗衰老，像这样的溢美之词我们听过不少了，那这普洱到底是茶还是药呢？

👍在对新楼盘的销售宣传中，开发商过多使用溢美之词已成为一种潮流。

yì bù yì qū
亦步亦趋（"亦步亦趋"含贬义）

易错指数 ★★★★☆

👎赵薇在微博上传了一张自己女儿"小四月"亦步亦趋学着大人洗碗的照片，小家伙太萌了。

　　"步"本义表示行走。"趋"的本义表示快走，接近于一路小跑。"亦步亦趋"表示你走我也跟着你走，你快走我也跟着你快走。比喻由于缺乏主张，或为了讨好别人，事事模仿或追随别人，含贬义。上例中，正咿呀学语的小萌妹，学着大人的样儿在洗碗，这叫有模有样，不能叫亦步亦趋。

👍对美国亦步亦趋难有好结果。
👍如何更好地融入中国元素，走出对西方的亦步亦趋，实现中国幻想文学的本土化，创作出像《魔戒》、《哈利·波特》那样的经典，仍是一个亟须探讨的话题。

yīng yùn ér shēng
应运而生（坏事不能"应运而生"）

易错指数 ★★★★☆

👎随着经济社会的发展，贪污腐败之风也应运而生。

　　《红楼梦》中有这么一段话："天地生人，除大仁大恶，余者皆无大异；若大仁者应运而生，大恶者则应劫而生，运生世治，劫生世危。"说的就是天地间的人，除了大仁大义的人和十恶不赦的人以外，其余的人在本质上都没有什么太大区别。像大仁大义这类人，就是顺应天命而生的；像十恶不赦这类人，就是顺应乱世而生的。我们可以看出，"应运而生"和"应劫而生"是两个相反的词语，"应运而生"是形容积极的、好的、向上的事物。现多指顺应时机而产生、出现，一般不用来形容消极的事物。上例中，贪污腐败是坏事，这里不适用"应运而生"。

错词清道夫

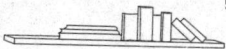

👍娱乐圈中的明星想尽各种招儿来给自己庆生,所以各种主题庆生派对就应运而生。

👍这股邦德风最近刮遍伦敦的大街小巷,以邦德为主题的游览线路也应运而生。

yǒu kǒu jiē bēi
有口皆碑("有口皆碑"指人人称赞)

易错指数 ★★★☆☆

👎他在我们这一小区的横行霸道,欺软凌弱的卑劣行径,可谓是有口皆碑,人人唾弃。

"碑"本义是指古时候宫门口或庙门前用来观测太阳影子或是拴牲畜的石头柱子。后引申为刻着记功或是表赞扬的

碑

文字的石头,如纪念革命烈士的纪念碑。"有口皆碑"是说所有有嘴巴的人都会说出赞美的话,就像那碑文上刻的高度肯定和赞美的文字一样,比喻高尚的行为人人称赞。这是一个褒义词,只适用于表示高尚行为的人或事。上例中,这明显就是一个成天游手好闲的街头恶霸,人人唾弃厌恶,怎么可能人人称赞呢?又怎么可能有口皆碑?

👍诺森比亚大学是英国规模最大的大学之一,其优异的教学质量可谓有口皆碑。

👍在中国专业媒体的评选中,一汽马自达也多次荣获十佳返修率最低汽车、十佳故障率最低汽车、十佳最贴心售后服务等荣誉,其品质实力有口皆碑。

yǔ hòu chūn sǔn

雨后 春 笋（"雨后春笋"是褒义词）

易错指数 ★★★★☆

👎三轮车违法搭客非法营运现象愈演愈烈，往往整治没过多久又会如雨后春笋般死灰复燃。

春笋

"雨后"特指春天春雨过后。春天是万物生长的季节，一切都是欣欣向荣，生机勃勃。一场春雨过，仿佛一切都更加有生机活力，就像那睡梦中的婴儿从梦中醒来，喝到了甘甜的乳汁。"雨后春笋"指沐浴了春雨的竹笋一下子就能从地里长出来很多，拔地而起的速度惊人，比喻新生事物迅速大量地涌现出来。新生事物必须是新的并且是趋于好的方面，是积极向上的事物，因此"雨后春笋"又是一个褒义词。上例中，三轮车违法搭客非法营运已经触犯了相关法律法规，暂且不说是坏事，但是肯定是跟积极向上的好事沾不上边，死灰复燃也是一个贬义词，褒义词、贬义词怎么可以同时用在一个句子中形容同一个事物呢？

👍如今的山西，一大批新兴产业如雨后春笋般蓬勃而出。

👍如果您现在购物还只限于专卖店和大型百货公司，那就真的"OUT"了，淘宝、亚马逊、当当、一号店等电商如雨后春笋般出现在网络销售平台。

167

错词清道夫

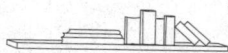

三 混淆范围对象类

B

bù qíng zhī qǐng
不 情 之 请（"不情之请"表谦虚）

易错指数 ★★★★☆

👎对于你这个不情之请，我欣然答应了，你不要不好意思。

"情"表示情理，即人之常情和事物的一般道理；"请"表示请求。"不情之请"即不合人之常情和一般道理的请求。简而言之，即不合情理的请求。一般用于说话人自己请人帮忙时说的客气话，表示谦虚的态度。所以"不情之请"用于指自己不合理的请求，而非用于指别人不合理的请求，要是说别人有不情之请，反而使原本的客气话充满着指责意味，适得其反。上例中，虽然也还算得上客气，但是当面指出别人的请求不合情理，谁还会好意思呢？

👍听说徐老师最擅长人物速写，我有个不情之请，希望徐老师也帮我画一张人物速写。

👍今天能够有幸见到你，我有个不情之请，希望你能给我签个名。

bù yǐ wéi rán
不 以 为 然（千万别把"不以为然"当作"不以为意"）

易错指数 ★★★★★

👎年轻人患感冒不能不以为然。

👎男童手指被卡螺帽　粗心父母不以为然险伤关节

"不以为然"指不认为是对的(多含轻视意)。上例中,年轻人对于患感冒常常并不在意,并不认真对待自己的身体。表示不在意,应该使用"不以为意",如果是"不以为然",即年轻人患感冒不能不认为是对的,那么就是说年轻人患感冒能认为是对的,显然这样的说法不符合逻辑。男童手指被卡,父母没有在意,没有认真对待,差点给孩子带来更大的伤害,此处也应该用"不以为意"。

👍禁烟标语面前,吸烟者不以为然。

👍他虽然嘴上没说什么,一副不以为然的表情说明他心里并不认同我们的方案。

C

曾几何时(曾几何时 ≠ 曾经)

易错指数 ★★★★★

👎爷爷回忆起过去,感叹道:"曾几何时,我也是一位在战场上奋勇杀敌的铮铮硬汉。"

"曾几何时"不等同于"曾经"。只要是相对于现在而言,发生在过去的,特别是在时间上离现在已经很久远的,我们都可以说"曾经"。但是"曾几何时"的使用范围更小一些,仅表示时间上发生在过去,和现在并没有相隔太久的时间。上例中,误把"曾几何时"当作了"曾经"是不对的。当年战场上的硬汉,现在已经到了做爷爷的年纪,这时间上的跨度应该有好几十年了,怎么能用表示时间过去没多久的"曾几何时"呢?爷爷可能老糊涂了,你可不能跟着犯糊涂呀!

👍曾几何时,一部《阿凡达》首次将存在于文字当中的科幻世界展现在眼前,至今不能忘记的是电影各种中梦幻般的蓝色场景风暴。

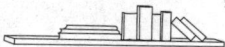

👍曾几何时,随着卡普里亚蒂和达文波特退役后,美国女网就仅剩下威廉姆斯姐妹独撑场面,与一众东欧红粉进行对抗。

chǔ chǔ kě lián
楚楚可怜("楚楚"给"可怜"贴上了女性专用标签)

易错指数 ★★★☆☆

👎看着黄晓明在《上海滩》中扮演的许文强倒在枪口下那楚楚可怜的样子,很多女观众都流下了眼泪。

"楚楚"表示娇柔纤弱的样子。娇柔、纤弱是贴在女性身上的性别标签,因此,"楚楚"二字已经给"可怜"贴上了女性专用的标签。当然,也不光女性可以使用,任何事物通过拟人的修辞手法女性化后,并且表现出娇柔、纤弱的状态,就可以用这个成语形容。在古代,"可怜"大多取惹人怜爱的意思;现代"可怜"表示让人同情怜悯。"楚楚可怜"指女性娇柔妩媚惹人喜爱,或女子神情凄苦,让人同情怜悯。不管是惹人喜爱,还是让人同情,对象统统只能是非男性。虽然刘德华唱过:"男人哭吧哭吧不是罪",但是男人可以哭并不代表可以博得同情和怜悯。上例中,不管是说黄晓明楚楚可怜,还是说许文强楚楚可怜都是不恰当的,因为他们都不是千娇百媚的柔弱女子。

👍2012伦敦奥运会艺术体操个人全能赛上,韩国选手孙妍在发生失误,比赛结束后泪光闪烁楚楚可怜。

👍他15岁小女儿萌照曝光,穿着朴素楚楚可怜。

D

dǐng lì xiāng zhù
鼎力相助(自己切勿说"鼎力相助")

易错指数 ★★★★☆

👎倘若小主您在这宫中遇到什么困难，请告诉我，我必会鼎力相助。

鼎

"鼎"是古代用于盛物品，或置于宗庙作铭功记绩的礼器，统治者亦用它做烹人的刑具。鼎很大很厚实，是非常重的，只有大力士才能挪动它，一般人几人合力搬动也是很费劲的。因此，"鼎力"即足以挪动鼎的力气，形容力气很大。"鼎力相助"即大力帮助，通常指别人对自己的大力帮助，一般用于请人帮助时说的客气话，不可以用"鼎力相助"来指称自己对别人的帮助。上例中，运用了时下流行的"甄嬛体"，但是自己对别人的帮助用"鼎力相助"就不太合适了。

👍承蒙各位鼎力相助，才使我走出困境，有了如今的幸福生活，在此衷心地感谢大家！

👍杨采妮做导演，众好友鼎力相助。

dòu kòu nián huá

豆蔻年华（指十三四岁的少女）

易错指数 ★★★☆☆

👎浙江卫视女主播梁薇，28岁的豆蔻年华、外号"梁铁人"的她，却在上海出差期间突然猝死。

"豆蔻"是一种植物，贵州、四川一带的人常用豆蔻的叶子来包黄粑，味道香甜可口。最早把少女比作豆蔻的是唐代诗人杜牧，他用早春二月枝头含苞待放的豆蔻花来比拟体态轻盈、芳龄十三的少女。后人便沿用至今，但不拘泥于杜牧所说的"十三余"这个具体年岁，而是指

豆蔻花

错词清道夫

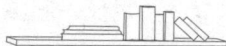

少女十三四岁尚未成年的年纪,曰"豆蔻年华"。因此,满足"豆蔻年华"这一说的必须要有两个条件,其一特指女性,其二特指十三岁、十四岁左右。上例中,是哪位大侠写的"28岁的豆蔻年华"?

👍豆蔻年华重病缠身,14岁少女不想做"家里的累赘"。

G

guó sè tiān xiāng
国色天香("国色天香"喻牡丹)

易错指数 ★★★★☆

👇玫瑰园里千娇百媚的玫瑰花,娇艳欲滴,真是国色天香,惹人喜爱。

牡丹花

"国色天香"是牡丹花的别称。富贵花牡丹是中国传统名花,它端丽妩媚,雍容华贵,让人为之倾倒。正所谓"牡丹花下死,做鬼也风流",可见这牡丹花的魅力之大。在唐朝,牡丹被视为国花,便有了别称"国色天香"。但是随着历史的变迁,直到现在我们还没有真正的国花,很多人说有两种花最适合代表中国的国花,一是梅花,一是牡丹,但至今尚无定论。"国色天香"除了是牡丹的专指外,还比喻美貌出众的佳人。上例中,简单地以为只要是娇艳欲滴、芳香四溢的花朵就可以用"国色天香"来形容,这是个极大的错误,也是人们在生活中极不会注意到的错误。

👍在有"诗都"、"牡丹花都"等美誉的洛阳城内,媒体采访团的成员们感叹,洛阳除了国色天香的牡丹,独具特色的"真不同"水席也让人流连忘返。

👍"帘幕燕双双,绿杨低映窗",说的是三国时代名将周瑜之妻小乔,长得国色天香、姿貌绝伦。

172

hàn niú chōng dòng

汗牛 充 栋（可以"汗牛"的只有书，可以"充栋"的也只有书）

易错指数 ★★★☆☆

👎从 1984 到 2008，中国体育健儿在奥运会上获得的金牌已经汗牛充栋。

👎中国女子游泳选手叶诗文再创佳绩后，就好像是犯了"众怒"，质疑和挪揄之声如汗牛充栋。

"汗牛"意思是说，书生用牛来运输书籍，由于书真是太多了，来来回回折腾了几趟，书还没搬完，牛已经累得满头大汗了。"充栋"的"栋"本义是屋的正梁，即屋顶最高处的水平木梁，现在我们形容房子的数量词也用"栋"，如"一栋别墅"、"这儿有好几栋房子"。"充栋"也表示书很多，多到把书一摞一摞地垒起来，都顶到房屋的横梁上去了。"汗牛"和"充栋"加一块，都表示书很多，且只能是形容书，不能形容别的。上两例中，一个是形容中国的奥运金牌多，一个是形容质疑的声音多，都不是书，因此都不能用"汗牛充栋"来形容。

173

👍组织管理类的研究著作多如星海，汗牛充栋，而激励类的研究专著，至今寥寥无几。

👍中国的史书汗牛充栋、累累如山。

hào rú yān hǎi

浩如烟海（文献书籍浩如烟海）

易错指数 ★★★★☆

👎道教文化遗产浩如烟海，其中很多都是重要的全国重点文物保护单位。

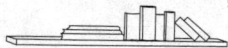

"浩"表示广大,"烟海"表示茫茫大海。"浩如烟海"形容文献、资料等非常丰富。"浩如烟海"和"汗牛充栋"一样,只能用于书籍,文献资料等,不能用于其他。上例中,说文化遗产浩如烟海,不准确。

👍灿烂的三晋文化为山西留下了上百万册珍贵古籍,其数量和质量都位居全国前列,这些浩如烟海的古籍善本是三晋悠久历史的骄傲。

👍从那浩如烟海的历史典籍中,从许许多多名人传记中,他如饥似渴汲取着精神养分,不断地充实自己。

hé dōng shī hǒu
河 东 狮 吼("河东狮吼"不是大吼大叫)

易错指数 ★★★☆☆

👎你这一声惊天大叫,就像是河东狮吼,吓死个人。

　　想必大家是在古天乐和张柏芝主演的电影《河东狮吼》中初识"河东狮吼"这个成语的。没错,它就是个成语。电影中一席经典对白在此之后广为流传:"现在开始我只疼你一个人,宠你爱你,不会骗你,答应你的每一件事情我都会做到,对你讲的每一句话都是真话,不许欺负你骂你要相信你,有人欺负你,我会第一时间出来帮你,你开心的时候我会陪着你开心,你不开心我哄你开心,永远觉得你最漂亮,做梦都会梦见你,在我的心里只有你。"这是古天乐饰演的陈季常对泼辣娇妻柳月娥说的一席话。据说这是根据史料记载的真实故事改编而成,现实中确有这么一个彪悍的"醋坛子"老婆,每每看见自己老公和别的女人过于亲密,就会醋意大发,拿着木杖大喊大叫,用力拍打墙壁。苏东坡一日路过,见此情此景,说道:"忽闻河东狮子吼,挂杖落手心茫然。""河东狮吼"的典故从此确立,至今仍然是凶悍妻子的形容词。

👍相信每一个男生都不希望自己的女朋友是"河东狮吼"型的人。

huì shēng huì sè

绘 声 绘色("绘声绘色"仅限语言文字)

易错指数 ★ ★ ☆ ☆

👎他模仿陈佩斯已经很多年了,每次在舞台上那绘声绘色的表演,总会赢得观众的阵阵掌声。

"绘"即描绘,描摹。"绘声绘色"的本义即把人物的声音、神色都描绘出来。形容叙述、描写生动逼真。值得注意的是"绘声绘色"的适用范围,它仅适用于口头叙述,或者书面表达这两种情况。上例中,作为舞台表演,他模仿陈佩斯的小品,首先外表整得和陈佩斯差不多,其次动作神态、语言风格也是非常相像,这就不叫绘声绘色了,这本来就有声有色。"绘声绘色"是把当下无法有声有色的东西,用语言文字描绘得有声有色。

👍语文老师讲起故事来,绘声绘色,引人入胜。

👍消防大队以绘声绘色的宣传形式,有力地帮助了群众普及消防知识,提升了人民群众的自防自救能力。

K

kōng xué lái fēng

空 穴 来 风 (从"非法使用"到取得"合法地位")

易错指数 ★ ★ ★ ★ ★

👎羽联副主席表示,羽毛球被剔除里约奥运会的传言是空穴来风。

👎鸟叔300万元出场费空穴来风。

以上两个例句中,"空穴来风"都表示毫无根据的传言和消息。

"穴"表示洞、孔之类的,有了洞和孔,风采可能从外面钻进来。成语之初,用以比喻消息和传说不是毫无根据、毫无原因的,而是有一定根

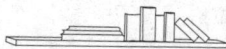

据和原因的,就如同,风能吹进屋子里来,那是因为窗户上有孔的原因。但是人们大多在运用时,会把这个成语理解为毫无事实根据的意思,随着这样原本错误的用法越来越普遍,也得到了越来越多人的认可和接受,"空穴来风"就将错就错,从原本的错误用法中获得了合法地位,因此,以上两例我们不能把它们归为是使用错误的句子。

👍恒大邀请卡卡加盟的消息,并不是空穴来风,但是卡卡加盟的机会并不大。

L

liǎng xiǎo wú cāi
两 小 无 猜(适用男女之间的"两小无猜")

(易错指数)★★★☆☆

👎小梅和小林,两小无猜的感情一直持续了三十年,现在两人都已经到了当妈妈的年纪,感情仍然十分要好。

这个成语来自于古代"诗仙"李白笔下。话说当年南京城下的一个弄堂里住着两户人家,两家人各有一个小孩。他们从小便在一起玩耍,感情要好,从来没有闹过别扭。小男孩总是骑着竹竿当马,欢快地围着女孩跑来跑去;女孩见院落里的梅树上长着许多青梅就叫男孩去摘,男孩给她摘下许多。他们就这样天真烂漫的度过了童年,渐渐两人长大了,后来他们结为了夫妻,双双恩爱白头偕老。"猜"表示猜忌、怀疑。"两小无猜"即男孩和女孩还在很小的时候就常在一起玩耍,天真烂漫的童真下,两人没有任何猜疑,感情要好。上例中,小梅和小林都到了做妈妈的年纪,说明,两个人都是女性,虽二人感情要好,但不能用"两小无猜"来形容。"两小无猜"只能形容一男一女之间,无论他们长大后有没有结为夫妻,只要小时是要好的玩伴,就叫"两小无猜"。不针对男男或女女之间。

👍《天涯赤子心》热播,张明明、隋俊波演绎两小无猜的感情。

👍照片是上世纪80年代初我和我两小无猜的玩伴在海南岛拍摄的。一晃快30年过去了,我们都有了各自的生活和家庭,都当爸爸妈妈了。

M

miǎo shǒu huí chūn
妙 手 回 春(医生才有"妙手回春"的资格证)

(易错指数) ★★★★★

👎美国梦之队在同英国的奥运热身赛中,"甜瓜"安东尼妙手回春后场抢断,韦少胯下接球战斧劈扣。

👎这个已经具有百年历史的小户型房屋,在经过设计者的妙手回春改造后,成了一个充满活力感的年轻居室。

"回春"指重返生机盎然的春天。春天象征着生命的开始,一切生机勃勃,万物充满生气,"春天"就比喻生命的重新开始。"妙手回春"称赞医生医术高明,能把快死的人给救活,给予病人重生的机会,恢复健康的可能。第一位赢得"妙手回春"称号的医生就是扁鹊。横看竖看,这都是一个专门赞美医生的成语。上例中,"甜瓜"安东尼是篮球圣手,设计师也不是医生,都是跟医生不沾边的职业,何来妙手回春呢? 也许他们技术真的很高明,很有含金量,但是没有医生的通行证就没有资格说其"妙手回春"。

👍工作繁忙的白领们如果自己不注意调养肠胃,天天重复不良的生活习惯来伤害自己,医生就是有妙手回春的本事也治不好了这些"胃肠职业病"。

👍马老汉终于可以正常生活了,他十分感谢妙手回春的医生。

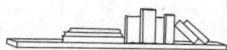

177

错词清道夫

míng zào yī shí
名噪一时("名噪一时"指正面名声)

易错指数 ★★★★☆

👎周克华在屡屡持枪抢劫银行得逞后,成为在中国大陆名噪一时的通缉犯。

"噪"表示群鸟鸣叫,形容声音大。"名噪一时"表示一时名声很大,名气在一个时期内引起轰动,广为传扬。用来修饰人、事、物曾经在某一时期有比较正面的名声,不能用于负面的坏名声。上例中,周克华可是警方通缉了八年的全国A级通缉犯。袭击武警、携带枪支弹药、持枪抢劫、杀害无辜群众,他确实在犯下八起命案后成了全国上下无人不晓的人物,但是这样一个负面人物我们不能用"名噪一时"来形容。

👍美国NBA湖人队在2003年夏天引进了"手套"佩顿和"邮差"马龙,加上之前的"OK组合"科比和奥尼尔,湖人F4在当年名噪一时。

👍韩国导演李在容曾因影片《丑闻》名噪一时,犀利的风格,也让韩版《许三观卖血记》备受期待。

P

pāo zhuān yǐn yù
抛砖引玉("抛砖引玉"只能用于自己)

易错指数 ★★★★☆

👎李校长一席话说的相当精辟,既有领导风范又能调动老师积极发言,真是抛砖引玉啊!

玉

所谓"抛砖引玉",即抛出砖头,引来玉石。把那些低劣的次品,或者是粗浅的不成熟的意见、观点比作是"砖";把优质的上等的事物,或者是成熟的高明的意见、观点比作"玉",即比喻

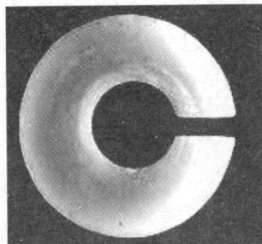

自己用粗浅、不成熟的意见引出别人高明、成熟的意见。把自己说的做的比喻作"砖"，把别人说的做的比作是"玉"，显示出说话者自己的谦虚态度。"抛砖引玉"只能自己用于表示自己谦虚，同时也表示对别人赞美。上例中，造句者本是想赞美赞美校长的，但马屁没拍对地方，反倒是变成了说校长的话好比低劣的砖头，这显然是不恰当的，要说也得人家李校长自己说，这马屁可是拍不得。

👍笔者在这里作以肤浅的分析，以期抛砖引玉。

👍希望本报的抛砖引玉能引来更多人一起探讨"非遗"保护与传承的好做法好经验。

péng bì shēng huī
蓬荜生辉（"蓬荜生辉"只能自家说自家）

易错指数 ★★★★☆

👎你这新家装修得真是蓬荜生辉，金碧辉煌啊！

"蓬"本义是一种草本植物，即蓬蒿，也称茼蒿，现在也是大众餐桌上吃火锅的一道配菜。在"蓬荜生辉"这个成语中"蓬"表示用蓬草做的门，"荜"表示用荆条、竹木之类编成的篱笆围栏。用草做门，用竹条做围栏，感觉这家也够清贫的，不是什么富裕人家，小偷也懒得光顾。"蓬荜生辉"的意思就是说某事物的发生使得贫苦人家的寒舍增添了些许光辉，多用于有客人来到家里，或别人赠送可以张挂在家里的字画等物时主人家说的客套话。这个成语表示说话者的谦虚态度，只适用于自家说自家。上例中，作为客人，去别人新家做客，看着主人家精心的装修、富丽堂皇的摆设，由衷地赞美两句是可以的，但是稍有文化的主人听了可不太会高兴。怎么能随随便便就说人家是寒舍呢？

👍相信我们的品牌会因为你的加入而蓬荜生辉！

👍2007年春，著名书法家孙晓云女士光临寒舍，赐墨宝"开城府"三个大字给我作嘉勉，使寒舍蓬荜生辉。

错词清道夫

pò jìng chóng yuán

破镜 重 圆（"破镜重圆"仅限夫妻关系）

易错指数 ★★★★☆

铜 镜

同桌两个闹别扭的同学,在老师的教育下,破镜重圆。

　　现在的家庭中或是公共场合都有各式各样的镜子,长方形的、正方形的、菱形的、圆的、椭圆的。但在古代,镜子一般都是铜或铁铸的,也有用玉做的,一般都是圆盘状,正面磨光发亮,背面有纹饰。古代照镜子可不像我们现在那么清晰明了,照起镜子来都是昏黄的,更像是一面哈哈镜。把残破的圆形铜镜又恢复如初,就叫破镜重圆,用以比喻夫妻间失散或决裂后重新团聚与和好。这个词不适合送亲人、朋友、同学、同事,只适夫妻。上例中,同窗好友在老师的批评教育下,冰释前嫌,言归于好,但同桌关系怎么能用表示夫妻关系的成语来形容呢?

在儿子的撮合下,张先生和前妻在今年6月破镜重圆。

通过工作人员耐心细致地做思想工作,成功促使一对年逾七旬的老夫妻破镜重圆。

＊Q＊

qíng bù zì jìn

情 不自禁（"情不自禁"看重"情"）

易错指数 ★★★★☆

动物学家称狗追逐光点完全是情不自禁,是出于捕食猎物的天性。

外观设计会对人产生一种诱惑,让人情不自禁地想进入这家外观特

180

别的餐厅。

　　"情不自禁"表示自己控制不住或者抑制不住自己的感情。感情有时会通过适当的行为动作流露出来，因此会有控制不住的行为动作，但是动作的流露必须建立在感情的基础之上，毫无感情而发出的动作，即使是自己不能控制的，也不能用"情不自禁"来形容。上例中，狗狗对光点的追逐是出于动物的天性，无所谓感情；路人对于路边设计奇特的餐厅，是好奇，也无所谓它们之间存在感情，这些动作的发生都不是基于感情而迸发出来的，所以都不能用"情不自禁"来形容。

👍球迷的欢呼声夹杂着鼓掌声，此情此景，老米勒情不自禁热泪盈眶。

✳ W ✳

wàng chuān qiū shuǐ
望 穿 秋 水（有一种思念叫做"望穿秋水"）

易错指数 ★★★☆☆

👎2010 年让你望穿秋水的 12 款新车。

　　2011 年的冬天，有这么一句话红遍网络——有一种思念叫做望穿秋水，有一种寒冷叫做忘穿秋裤。说明人们还是大致把握了"望穿秋水"的意思。"秋波"不是秋天的菠菜，但"秋水"却是秋天明净透亮的清水，用来比喻明亮的眼睛。"望穿秋水"即眼睛都望穿了，可见这功力了得，非一朝一夕可以练就，形容对远方亲友的殷切盼望和思念之情。上例中，人们对于车子，不能用"望穿秋水"来形容这样一种期待的心情，"望穿秋水"只适用于对人的思念和殷切盼望，不能用于指物。

👍比赛结束二十多分钟后，姚明依旧在包厢内没有离开，痴痴的球迷只好在包厢外苦等。望穿秋水的球迷最后还是只能眼望一个背影酷酷的姚解说员。

错词清道夫

👍这位女子日日盼呀盼，望穿秋水，也总等不到远方的丈夫归家的身影。

X

xǔ xǔ rú shēng

栩栩如 生（没有生命迹象才能用"栩栩如生"来形容）

易错指数 ★★★☆☆

👎古装宫廷大戏《步步惊心》中，吴奇隆把"四爷"这个角色演得栩栩如生，他也再次凭借这部戏红遍了大江南北。

"栩栩"表示生动活泼的样子，"生"表示有生命、是活的。"栩栩如生"形容形象生动逼真，就像活的一样。"像活的一样"恰恰又说明了它不是活的，不是有血有肉的人或动物。对象多是指艺术品或人工制造的东西。如我们说机器人栩栩如生、玩偶栩栩如生、陶俑栩栩如生，都是可以的，因为它们都是无生命的。这些东西做得很好很精致，做得像活的真的一样，我们就可以用"栩栩如生"来形容。上例中，吴奇隆饰演的四爷本来就是一个大活人，是大活人就不能用"栩栩如生"来形容。

👍一根根再平常不过的麦秆，经过细致入微的加工和创作，竟变成了一只只栩栩如生的骏马模具。

👍古墓群中出土的泥俑栩栩如生。

Y

yān rán yì xiào

嫣然一笑（男同胞们切勿"嫣然一笑"哦！）

易错指数 ★★★☆☆

👎韩国人气艺人金范嫣然一笑，迷倒无数粉丝。

"嫣然"即美好的样子,"嫣然一笑"即专门形容女子笑得很美。这是一个女性专用词汇,非女性不能用。上例中,不可否认很多韩国男艺人确实长得很媚气,看上去白白嫩嫩、柔柔弱弱,但是再怎么白嫩和柔弱,那也是男性呀,实在不适合用这个词来形容他们那迷倒众生的笑容。

👍NBL 少年拉拉队的邻家小女嫣然一笑,迷倒众生。

👍华鼎之夜红毯上,美女明星唐嫣嫣然一笑,姗姗来迟。

yán zhèn yǐ dài
严 阵 以 待("严阵以待"待敌人)

易错指数 ★★★★★

👎济南市公安局出入境管理局新大厅启用,80 个车位严阵以待。

👎我区有关方面已经严阵以待,确保顺利度过用电高峰期。

"严阵以待"即做好了充分准备,摆好严整的阵势等待。等待什么呢？ 这是个关键,关系到整个成语用得是否恰当准确。"严阵以待"即整个军队排好严整的阵势,等待敌人的来临。这下大家恍然大悟了吧？ 左等右等,原来等的是敌人"驾到"。记住,这是对敌人专用的成语。上两例中,80 个车位等待什么敌人呢？ 车位有敌人可言吗？ 车位等待的是需要停泊的车子。"用电高峰"是"我区有关方面"的敌人吗？ 显然也不是,既然都不是敌人,从何而来"严阵以待"？

👍台风步步逼近,省军区、省武警总队、省消防总队、省边防总队等官兵严阵以待,积极做好抗击台风准备,确保随时拉得出、打得响、救得下,努力把自然灾害带来的损失降到最低限度。

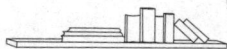

成果测评

试着找出下面句子中用错的词,并在括号内改正:

1. 闻得亭亭姐姐学问渊博,妹子何敢搬门弄斧,同她乱谈。( )

2. 司马迁游历名山大川,集万千史实素材于胸,才有煌煌巨著《史记》流传千古。( )

3. 他沿着城墙慢慢地走着,突然发现在高大的城门口贴着一张启示。( )

4. 这次的比赛肯定十分激烈,三方都派出了有实力染指金牌的实力选手。( )

5. 他想到了自己的身世,想到了未来,总觉得自己一开始就错了,他应该失口否认自己的过失。( )

6. 他始终都是精力充足,斗志昂扬。( )

7. 如果没有丰富的生活积累与深厚的艺术功底,没有较高的语言文字修养,是很难写出高品味的作品来的。( )

8. 虽然红学家们研究《红楼梦》很多年,但是关于其作者曹雪芹的身世,还是不祥。( )

9. 看着身边发生的一切,想到的未来,他沉没了。( )

10. 他就喜欢时不时掏出一打人民币向伙伴们炫耀。( )

11. 虽然他才十岁,但看上去十分老诚。( )

12. 这只紫砂壶的质量不好,尽是沙眼。( )

13. 经过研究发现,鲁迅笔下的许多人物(如杨二嫂、润土、九斤老太等)都是有原形的。( )

14.他本来就拥有良好的身体素质,再加上平时的刻苦训炼,在运动会时一举打破了校级记录。( )

15.工程进展十分顺利,截止 9 月中旬,已完成全年施工计划的 90%。( )

参考答案：

1. 搬门弄斧→班门弄斧;2. 煌煌巨著→皇皇巨著;3. 启示→启事;
4. 染指→夺取("染指"是贬义,当改为"夺取"等);5. 失口否认→矢口否认;6. 充足→充沛;7. 品味→品位;8. 不详→不详;9. 沉没→沉默;10. 一打→一沓;11. 老诚→老成;12. 沙眼→砂眼;13. 原形→原型;14. 记录→纪录;15. 截止→截至

图书在版编目(CIP)数据

错词清道夫:陈凌燕编著.—贵阳:贵州人民出
版社,2013.9(2021.3 重印)

ISBN 978 - 7 - 221 - 11281 - 1

Ⅰ.①错… Ⅱ.①陈… Ⅲ.①汉语 - 词语 - 辨别 - 中
小学 - 教学参考资料 Ⅳ.①G634.303

中国版本图书馆 CIP 数据核字(2013)第 201367 号

错词清道夫

陈凌燕　编著

出版发行	贵州出版集团　贵州人民出版社
地　址	贵阳市中华北路 289 号
责任编辑	徐　一
封面设计	连伟娟
印　刷	三河市腾飞印务有限公司
规　格	850mm×1168mm　1/16
字　数	180 千字
印　张	12.75
版　次	2014 年 7 月第 1 版
印　次	2021 年 3 月第 2 次印刷

书　号：ISBN 978 - 7 - 221 - 11281 - 1　定　价:33.00 元

"快乐阅读"书系首批书目

语文知识类

秒杀错别字

点到为止
　　——标点符号的正确使用

当心错读误义
　　——速记多音字

错词清道夫

巧学妙用汉语虚词

别乱点鸳鸯谱
　　——汉语关联词的准确搭配

似是而非惹的祸
　　——常见语病治疗

难乎？不难！
　　——古汉语与现代汉语句法比较

作文知识类

议论文三步上篮

说明文一传到位

快速格式化
　　——常见文体范例

数学知识类

情报保护神——密码

来自航海的启发——球面几何

骰子掷出的学问——概率

数据分析的基石——统计

文学导步类

中国诗歌入门寻味

中国戏剧入门寻味

中国小说入门寻味

中国散文入门寻味

中国民间文学入门寻味

文学欣赏类

中国历代诗歌精品秀

中国历代词、曲精品秀

中国历代散文精品秀

语言文化类

趣数汉语"万能"动词

个人修养类

中国名著甲乙丙

世界名著 ABC